U0329947

图书在版编目（CIP）数据

中国学术思想史论丛 . 5 ／钱穆著. — 2 版. — 北京：
生活·读书·新知三联书店，2019.8 （2022.11 重印）
（钱穆作品系列）
ISBN 978 - 7 - 108 - 06614 - 5

Ⅰ. ①中…　Ⅱ. ①钱…　Ⅲ. ①学术思想 - 思想史 - 中国 - 文集
Ⅳ. ① B2-53

中国版本图书馆 CIP 数据核字（2019）第 091376 号

责任编辑　冯金红
装帧设计　蔡立国
责任印制　李思佳
出版发行　生活·讀書·新知 三联书店
　　　　　（北京市东城区美术馆东街 22 号 100010）
网　　址　www.sdxjpc.com
图　　字　01-2017-8543
经　　销　新华书店
印　　刷　山东临沂新华印刷物流集团有限责任公司
版　　次　2009 年 12 月北京第 1 版
　　　　　2019 年 8 月北京第 2 版
　　　　　2022 年 11 月北京第 4 次印刷
开　　本　880 毫米 × 1230 毫米　1/32　印张 9.75
字　　数　196 千字
印　　数　13,001 - 15,000 册
定　　价　40.00 元
（印装查询：01064002715；邮购查询：01084010542）

钱穆

中国学术思想史论丛

5

三联书店

目　录

序

　　本册所收全属两宋。余之治宋代学术始自文学,自遍读韩、柳两集后,续读欧阳永叔、东坡、荆公集,而意态始一变。始有意于学术文。进诵朱文公王阳明两集,又进而诵黄全两学案,有意改写全氏学案,而学力未充,遂以搁置。时皆在余三十岁以前。自后乃致力于写《先秦诸子系年》、《近三百年学术史》,及《国史大纲》。三书成,已在抗战中期,在成都曾写此册所收之一部分。抗战胜利后,在江南大学又续写一部分。后居香港,曾写《宋明理学概述》一书,有散作数篇收入此册,皆在撰述《朱子新学案》之前。及《新学案》成,乃一意撰写《研朱余沈》,述朱学之流衍,自元迄清。而朱子前诸家,迄未有所续论。今年事已衰,两目失明,今此册付印未能再校,略记其经过如此。

　　　　　　　　一九七八年春钱穆自识于士林外
　　　　　　　　双溪之素书楼,时年八十有四。

初期宋学

东汉儒学既衰,直要到北宋始复兴。北宋儒学,应推胡安定(瑗)孙泰山(复)两人为肇祖。史称两人同学于泰山,攻苦食淡,十年不辍。安定得家书,上有平安二字,即投涧中,不复展,恐扰其心。他们用心如此,终为此下儒学打开一出路。

首当注意者,是他们的重振师道,此乃王通所游想,韩愈所力言,而至是始实现。孙复立泰山书院,其高第弟子石介,事师尤尽礼,时人谓:"鲁人既素高此两人,由是始识师弟子之礼,莫不嗟叹之。"(欧阳修语)而胡安定尤应推为中国近代史上第一大教育家。他历主苏州湖州教授,凡二十余年,创兴教法,开立科条,分设经义治事二斋,经义则选心性疏通,有器局,可任大事者,使之讲明六经。治事则一人各治一事,又兼摄一事,如治民讲武堰水历算之类。使以类群居讲习,时时召使各论所学,为定其理。或自出一义,使人人以对,为可否之,或即当时政事俾之折衷。又提倡乐教,每公私试罢,诸生会合雅乐诗歌,诸斋平居亦自歌诗奏乐,琴瑟声彻外。泰山书院纯属私人讲学规模,苏湖讲学,则为正式的学校教育，不限于私人间。庆历中，中央诏令下苏湖取其法，著为令，施于太学。又聘安定亲来掌教。自东汉以下，朝廷博士制度已衰，社会亦无讲学风，学业限于门第中，于是有佛家寺院，起而担当社会教育之职责。儒学不敌佛教，此是一大原因。直至宋初国家教育与私人讲学皆得复兴，而儒学始重光，则安定之功最大。

第二当注意者，两汉教育，重在经籍，偏重在书本上。博士讲经，仅知章句家法，古文学兴于民间，亦只偏重训诂字义，东汉儒学之衰在此。依当时人语，则是有经师而无人师，经学中之微言大义，应知从人生实际事物着眼，不在书本之章句训诂上。此一趋势，直到北宋，才见扭转，于是乃始有新经学之曙光。其时所注意者，要要在《易》《春秋》两经。石介谓尽孔子之心者大《易》，尽孔子之用者《春秋》。是二大经，圣人之极笔，治世之大法。此可谓是宋初新儒之共同意见。故孙复有《春秋尊王发微》，又有《易说》，胡瑗有《易解》，亦有《春秋说》，只因《易》《春秋》同为讲明人事之书，伊川《易传》颇承胡《易》，而其著精神处亦在实际人事，此乃宋初学风特征。不仅与唐人尚文学诗赋有异，亦与汉人尚章句训诂有别，从此始走上了儒学正路。

除却《易》《春秋》，他们又注意到《洪范》与《周官》。胡瑗有《洪范口义》，发明天人合一之旨。又详引《周官》法以推演八政，乃由社会人事转入政治制度。石介亦云，《周礼》《春秋》，万世之大典。《周礼》明王制，《春秋》明王道，执二大典以兴尧舜三代之法，如运诸掌。稍后李觏遂有《周礼致太平》篇。此都是宋儒之通经致用，时代既与两汉不同，斯其研寻之对象，亦自与两汉有别。

第三当注意者,则为宋儒之道统观。孙石二氏倡之尤力。孙复《与张洞书》,已言自汉至唐不叛不杂,惟董仲舒扬雄王通韩愈。石介更张大其辞,其言道统,自韩愈以下,及于当代,则为柳仲涂士建中孙明复。柳开初名肩愈,字绍先。嗣名开,字仲涂。即谓有意开示涂辙。以今语译之,即一种打先锋的启蒙运动也。又自号补亡先生,即欲补六经之亡缺,有意于如王通之续经。石介字守道,介如石,亦寓强立不反之意。其他如孙复是要光复旧传统。士建中是要建中立极,重定新标准。只看此诸人之取名,已可见其一番蓬勃粗豪之气象,正为学术思想史上启蒙革新时代所应有。石介既师孙复,亦极尊柳开,其《赠张绩》诗,即以柳承韩。又有《尊韩》篇。又作《怪说》,以佛老杨亿为三怪。唐代正惟以释道指导人生,以文学应对世务,石介目之为三怪,正为宋初之一种文艺复兴。又有《中国论》,则是一种中国本位文化运动也。又有《唐鉴》,大抵宋儒皆不喜唐,皆主复古,遵唐则不脱上述之三怪,惟有尊韩愈,乃能循之复古。此乃思想上一种革新启蒙之大波,自此偏向理想,轻视现实。石介又有《辨惑》篇,谓天地间必然无有者三:无神仙,无黄金术,无佛。两汉提倡六经,乃以战国百家为对象,宋初尊儒,则以唐代流行社会之佛老为对象。故其时新学风有三,一为古文运动,即是一种新文学运动。二为新教育运动,尊孔孟,排老释,打开门第传统,寺院逃世,进士诗赋轻薄之三种旧格式,而创兴新书院与学校讲学制度,而人师尤要于经师。其三则为变法运动,此则根据经术,发扬大义,摆弃古经籍之汗疏训诂束缚,而求实见之于当时人文大群之公共事业。前两路皆蹈袭昌黎，后一路则唐代人尚少开辟。如啖助赵匡陆淳之治《春秋》，虽能不惑于传注，而仍未逮宋学精神。最多只算是打开了此下新注疏新经学之大门，但不能说此等已是新儒学。故宋初论学，必推尊董仲舒扬雄王通以至韩愈。扬王为其不缚于传注，拟经续经，能继旧圣作新圣，董仲舒则汉创制，兴一王大法，更是通经致用之好榜样。至于马融郑玄，则为当时人所忽视。此为汉学宋学之主要分界处，所当特加注意者。

　　除却上述三途，更有完养心性的大理论与其工夫所在，此乃以下宋学更重要的中心精神，即激于唐代之释老而来。在初期宋学中，北系孙复石介一支，对此似少讨论。南系安定一支，则接触到此方面者较多。胡瑗在太学，以《孔颜所好何学论》命题，即其证也。故北系重韩愈，而南系特重颜子，此是一绝大界线。安定高第门人徐积尝谓：人当先养其气，气全则精神全，所谓先立乎其大者也。又作《荀子辨》，并谓情非不正，圣人非无情，此皆见安定一系与完养心性问题之研究较接近，故得远为二程开先也。徐积又云：

> 《艮》言思不出其位，正以戒在位者。若夫学者则无所不思，无所不言，以其无责，可以行其志。若云思不出位，是自弃于浅陋之学也。

是要主张无所不思，无所不言，正见初期的宋学精神。

　　初期宋学气派之开阔，如胡瑗之道德，欧阳修之文章，范仲淹之气节,堪称鼎足之三峙,更与当时以甚大之影响。范仲淹为秀才时,即以天下为己任,自称当先天下之忧而忧,后天下之乐而乐。此与徐仲积言学者当无所不思无所不言之意正相发明。故达而在朝,则为大政治家如范文正。穷而在野,则为大教育家如胡安定。此乃初期宋学所谓明体达用之最要标准也。欧阳修为文章直接韩愈,而欧阳生平志事,亦不在文章。故曰:文学止于润身,政事可以及物。其对佛教意见亦与愈不同。韩愈辟佛,而欧阳不辟佛。著为《本论》三篇,大意谓佛法为中国患,其本在于王政阙,礼义废,故莫若修其本以胜之。罗大经《扪虱新语》谓此论一出,而韩愈《原道》所谓人其人火其书之语几废。此可见其影响矣。故《本论》盛赞尧舜三代之为政,举其大者曰井田,曰礼乐,曰学校。惟欧阳修颇主古今异宜。故曰儒者之于礼乐,不徒诵其文,必能通其用。不独学于古,必可施于今。于《周礼》亦颇致疑点。于新莽北周宇文之模古改制,皆有讥辨。(详《居士集·进士策问》)而欧阳之于经术,尤多达见,疑《易传》(有《易童子问》),疑河图洛者,疑《春秋》三传。(有《春秋论》上中下)于伪说乱经,申驳不遗余力,直有百世以俟知者之概。(可看《居士集》四十三《廖氏文集序》)此见欧阳之于宋初,实已迈进了一大步。而欧阳不喜谈心性(看《居士集》四十七《答李诩第二书》),并于《中庸》多致疑难。其于自诚明谓之性,不勉而中,不思而得诸语,均谓是空言,疑其传之谬。(参读《进士策问》)故欧阳实是初期宋学中一位气魄宽大,识解明通,而又松秀可爱之人物也。

但无论道德文章气节政事,会宗归极,仍必归宿到几个基本的思想与理论上来,这就转入了宋学之第二期。与欧阳同时,接着有王安石刘敞，两人皆博学，旁及佛老，又好谈性理，与初期宋学已不同，乃成为在初中两期宋学的夹缝中人物。刘敞有《公是先生弟子记》与《七经小传》。宋人经学新说，多自《七经小传》开先。其《弟子记》于欧王两家颇多评驳。盖此三人学术路径皆相近，而又交游较密也。《弟子记》明白反对欧阳不谈心性之态度（凡两条，已采入《学案》），又辨荆公太极为性，五行为情说之不当。而论王霸意见，则与荆公相同。司马温公论王伯则与李泰伯同，与王刘适成一对比，荆公刻深胜过庐陵，博大超于原父，彼乃是初期宋学一员押阵大将，而中期宋学亦已接踵开始了。

荆公思想，对当时有大贡献者，举要言之，凡两项。一为王霸论，二为性情论。王霸之辨原本孟子，但荆公别有新创。荆公谓王霸之异在心，其心异则其事异，其事异则其功异。所谓心异者，王者其心非有求，为吾所当为而已。故王者知为之于此，不知求之于彼。霸者之心为利，而假王者之道以示其所欲。其有为也，惟恐民之不见而下之不闻。此项辨论，推衍为以后之辨义利。自东汉以下，儒者大群福利之学衰，释老出世之学兴。老庄玩世，非真出世。出世之学，必至释家而极。隋唐以下，天台禅华严继起，特拈佛经心佛众生三无差别一语，张皇幽眇，把佛的涅槃挽回到众生的烦恼中来。说烦恼即净土，众生即佛，而综绾之于一心。天台之一心三观，华严之理事无碍，乃至事事无碍，禅宗之本来无一物乃至本分为人，皆已把佛家出世精神极度冲淡。然亦仅在消极方面立言，终缺一段积极精神。所为不同于老庄之玩世者，在其尚有一番宗教生活之严肃意味而已。因此在理论上，世出世间终是两橛。唐代人物，一面建功立绩，在世间用力；一面求禅问法，在出世间讨归宿，始终是分为两扇的人生观。宋儒自胡安定孙泰山石徂徕以下，都要回头一意走向大群福利政治教育一方面来。但对佛家理论，或效韩愈之昌言排斥，则如石介。或师欧阳修之存而不论，自下功夫，到底未能将儒释疆界清楚分别或消融归一。荆公直承胡范欧阳而起，颇欲于道德文章事业三面兼尽。其于韩愈，亦已渐趋摆脱，而欲直接孟子。于佛书亦多所探究，此皆已接近了中期宋学的精神。其王霸论直从心源剖辨，认为王道霸术相异，只在一心。正如佛家心真如门与心生灭门只是一心，更无别法。但真如生灭会一，最多只解淡了些出世要求，在世事上仍不能有积极性之建立，今谓王霸合一，则汉唐事功全可即是王道路脉，只在建志运心处有不同。禅宗谓运水搬柴即是神通妙道，惟运水搬柴仅是日常本分。今荆公辨王霸，亦犹是运水搬柴之与神通妙道，而已把人生大群积极价值扶植起来。此其由虚转实，由反归正之大纲节所在也。

荆公又有《大人论》，谓：

孟子曰：充实而有光辉之谓大，大而化之之谓圣，圣而不可知之谓神，此三者皆圣人之名。由其道而言谓之神，由其德而言谓之圣，由其事业言谓之大人。道存乎虚无寂寞不可见之间，苟存乎人，则所谓德也。是以人之道虽神，不得以神自名，名乎其德而已。夫神虽至矣，不圣则不显。圣虽显矣，不大则不形。称其事业以大人，则其道之为神，德之为圣可知。故神之所为，当在于盛德大业。德则所谓圣，业则所谓大也。世以为德业之卑，不足以为道，道之全在于神耳，于是弃德业而不为。夫为君子者，皆弃德业而不为，则万物何以得主乎？故曰神非圣不显，圣非大不形，比天地之大，古人之全体也。

佛家有法报应三身说，又分自性身，受用身，与变化身，荆公此论颇似之。神犹佛之法身或自性身也。圣犹佛之报身或受用身。大即佛之应身或变化身也。三身即一佛，犹谓大人圣人神人皆一圣。依荆公理论，则道德神圣皆即事业。大事业始是真道德，真神圣。佛家以法身为主，依法身而有报身应身，是谓由真转俗。荆公则恰来一倒转。以大人为主，依大人而有圣人神人，则为由俗显真。何以大人即为圣神，事业即为道德，其本在心地。此在王霸论已经发挥，犹如佛家亦必建本心地，始可绾真如门生灭门为一。始可谓生灭即涅槃，烦恼即菩提也。今儒家亦建本心地，始可谓事业即道德神圣，功利霸术即天德王道，所差只在心上。荆公新政即本此等见解，故青苗均输持筹握算，不害其为王政。当时反对者，其理论立场，皆不能如荆公之高。故反对者自反对，力行者自力行。只有程明道了解荆公哲学立场，故其反对理论亦颇不如同时人之褊狭也。

与荆公王霸之辨意见相同者尚有刘原父（敞）。至李泰伯（觏）则谓：

> 天下无孟子可也，不可无六经。无王道可也，不可无天子。（《常语》）

此等意见,以今语译之,犹谓宁可无好政治,却不可无一中央统一政府。其意颇近荀子尚礼一派,司马光意见与李觏大同。谓:

> 霸之为言伯也,齐桓晋文,天子册命,使续方伯之职,谓之霸主。而后世学者,乃更以皇帝王霸为德业之差,谓其所行各异道,此乃儒家之末失也。(《温公集》六十一《答郭纯长官书》)

又曰:

> 合天下而君之之谓王,分天下而治之曰二伯。自孟荀而下,皆曰由何道而王,由何道而霸,道岂得有二哉。方伯,渎也,天子,海也,小大虽异,水之性奚以异哉。(《迂书·道同》)

此完全在名分上立论,与李觏意见大同。因温公乃史学派,主经验主义,与荆公为经学派主理想主义者分歧。若论史实,温公之说或为更得古史之真相。抑且温公理论,亦同样看重实际事业,不欲德业分途,故说王霸无二。当知此乃初期宋学一共同精神,由释返儒,由出世思想转回淑世主义,都先看重社会大群福利事业,此则温公荆公之所同。惟温公意见,终不能把心性事业融成一片,仍在韩愈欧阳修路上,仍跳不出唐人境界。荆公分辨王霸,并非轻蔑事业,并非把德业分途。只有照荆公意见,始能把事业价值真提高,始能把事业与道德神圣真融成一片。其关捩则在从心地上建本，出世入世，由此绾合。同时惟程明道对儒释思想，用过深切功夫，因此对荆公王霸论极表赞同。稍稍把此番理论，从大群集体的政治意味上转到小己性行的修养方面，便成为义利之辨。推衍之极，至南宋张南轩（栻）乃谓"只此心稍有所向便是利"。如此则义利之辨，仍只建本于一心，仍只分辨于一心，故他们极尊董仲舒"正其谊不谋其利，明其道不计其功"之二语。其实此处并非看不起功利，只要把功利与心性打成一片。若抛却心性而谈功利，自然有一派人会抛却功利而谈心性，如是则最高仍在唐人境界下。今宋儒则要超越唐人，回复三代。此非只是历史上之复古，乃是一种功利与心性之融成一片，即世出世之融成一片，亦即是儒释融成一片之一种理想境界，乃思想史上之一种更深更进之结合也。温公似乎未尝接触到此一难题，故其政治人格，虽为此下宋儒所袒护，但在思想理论路线上，则宋人并不认为是正统。朱子已谓涑水格物未精，元儒吴草庐（澄）甚至谓其尚在不著不察之列。荆公之政治人格大受后人诋排，但在思想系统上，则始终有其不动摇的地位。朱子与陈龙川辨王霸义利，依然是直接荆公，而龙川则转似温公。到底事功须从心性中流出，而事功又包不尽心性，一偏一圆之间，荆公的王霸辨与大人论，不能不说在宋学上有大贡献。

荆公尚有一致论，谓"万物莫不有至理，能精其理则圣人也。精其理之道，在乎致其一。致其一，则天下之物，可以不思而得也"。观此知荆公确是一有哲学头脑的人。他要在万物中求理，要在理中求一致。他的思想，在求高度的系统与组织，因此他在初期宋学中亦最为卓出。

其次要说及他的性情论。隋唐间佛家早已盛谈心性,而儒家于此转沉寂。韩愈李翱始亦谈论及此,尤其是李翱之《复性书》,值得注意。他云:

> 人之所以为圣人者,性也。人之所以惑其性者,情也。情既昏,性斯匿矣。水之浑也,其流不清。火之烟也,其光不明。非水火清明之过。沙不浑,流斯清矣。烟不郁,光斯明矣。情不作,性斯充矣。性与情不相无,然无性则情无所生,是情由于性而生。情者,性之动也,百姓溺之而不能知其本。圣人者,人之先觉者也。觉则明,否则惑。惑则昏,明与昏谓之不同。性本无有,则同与不同离矣。夫明者所以对昏,昏既灭,则明亦不立矣。(《复性书》上篇)
>
> 或问曰:人之昏久矣,将复其性者必有渐,敢问其方。曰弗虑弗思,情则不生。情既不生,乃为正思。正思者,无虑无思也。(《复性书》中篇)

此文,显然是阳儒阴释。开头即曰人之所以为圣人者性也,此即袭佛性义。其性情分说,正是心真如门与心生灭门之老圈套。弗思弗虑乃为正思,此是禅宗大纲领。但佛家本求出世,尽可弗思弗虑。儒家主张淑世,即思不出其位尚须矫正,应该无所不思。情思相生,却不能说有思无情。故必主张情非恶,始可把人生扭转到积极正面来。在西方文艺复兴时代,把人生由灵魂挽转到肉体。同样有似于北宋之初期,如徐积刘敞诸人,都主张人情非恶,都要驳击荀子。当知如此立论,始可由释转儒。荆公在

此方面亦有大贡献。他的性情论,亦在驳斥李翱的性善情恶论。他说:

> 喜怒哀乐未发于外而存于心,性也。喜怒哀乐发于外而见于行,情也。性者情之本,情者性之用,性情一也。
>
> 若夫善恶则犹中与不中也。曰:然则性有恶乎。曰,孟子曰:养其大体为大人,养其小体为小人。杨子曰:人之性善恶混。是知性可以为恶也。(《性情》)

此处荆公主张性情一体,但又主张性亦可以为恶。佛有阐提性,天台宗已言之,荆公以未发存中为性,已发见行为情,则善恶之辨正在未发已发之际。人生万不能不发,抑且无时不发,然则如何充善去恶,正当在此未发已发之际下工夫。同时周濂溪说几善恶,又主张主静立人极,此下程门乃专以未发以前气象开示来学,荆公路脉颇与相近。荆公又说:

> 太极者,五行之所由生,而五行非太极也。性者,五常之太极也,而五常不可以谓之性。太极生五行,而后利害生焉,而太极不可以利害言也。性生乎情,有情然后善恶形焉,而性不可以善恶言也。(《原性》)

然则荆公主张性可以为善,亦可以为恶,却不主张性有善恶。刘敞反对其说,云:

> 太极者,气之先而无物之物者也。人之性亦无物之物
> 乎,圣人之言人性也,固以有之为言,岂无之为言乎。是乱
> 名者也。(《公是先生弟子记》)

此一异同,后来宋学上成为一严重之纠纷,而刘王当时已启其
端。佛学到底对实际人生有厌离怯弱之意。荆公主张性情一,
情亦可以为善,如此则一般性善情恶的意见已推翻,使人再有勇
气热情来面对真实人生,此乃荆公在当时思想界一大贡献。惟
荆公以性分体用言(性者情之本,本即体也),又分已发未发前后两截
言,此等见解,实受佛家影响。先秦孔孟思想并不如此。孟子只
就人情发露处指点说性善,这是一种人文的一元论,或惟实的一
元论。并未在人情发露之前或里,来推想另一个存中不发之本
体。孟子只说如火始然,如泉始达,并未想到未然以前之火,与
未达以前之泉。恻隐羞恶辞让是非皆指心,皆已发,实即皆指
情。是非亦只是情,乃是一种辨析是非之情,并不指一种晓辨是
非之知。晓辨是非之知,非尽人能有。辨析是非之情,则人人有
之。不论辨得对不对,总之他要辨析。犹之羞恶之情,人人有
之,然亦有用来羞恶恶衣恶食者。恻隐之情人皆有之,然亦有妇
人姑息与下井救人者,然此皆无害于性之善。孟子论性,即指人
情之发露,并未说别有一未发本体。已发未发之说,起于《中
庸》。而后人说此未发本体,则实自佛家真如涅槃的意境下脱
胎化出。可惜刘原父对此并没有详明深透的辨驳,此问题遂成
为将来宋学上极费分疏的一件事。

今若随宜划分周邵张程为第二期宋学,则初期二期之间,显

有不同。初期气魄较阔大，二期思想较深密。拟之孔门，初期略如先进弟子回赐由求，二期略如后进弟子游夏有曾。只荆公议论入细，已接触到二期思想上的主要问题。如其辨性情，实颇近濂溪。此后晦翁仍沿此路。惟二程觉到划分性情为先后二截之不妥，但亦不能深切纠正。明道对荆公颇极欣赏，谓：

> 介甫谈道，正如对塔说塔上相轮，某则直入塔中，辛勤攀登。虽犹未见相轮，非能如公之言，然却实在塔中，去相轮近也。（《语录》一）

是明道只说荆公工夫未到家，却仍佩服他见地，佩服他能说。又谓荆公旧年说话煞得。又曰介甫所见，终是高于世俗之儒。当时亦谓程伊川不偏之谓中，不易之谓庸，即荆公语。（晁说之说）朱子亦谓荆公《新经》尽有好处。又云：某尝欲看一过，与撮撮其好者而未暇。又曰：《易》是荆公旧作，却自好。又曰：介甫解书亦不可不看。王程两家经学，直到南宋还是对立并行，故绍兴二十五年有取士毋拘程颐王安石一家之说的诏书，可见荆公学术思想在宋学中之地位与力量。

《庐陵学案》别录

　　《宋元学案》卷四《庐陵学案》，目录云："全氏补本"。然全氏此卷底稿已残缺，今本特王梓材以意葺录者。仅据谢山《学案劄记》钞入《易童子问》三卷，又据谢山《序录》钞《文集·本论》中下两篇，殊不见庐陵论学精神，且亦恐非谢山意也。爰就庐陵文别录数篇，稍见其大体焉。

　　庐陵论学，首宜大书特书者，厥为其对于经学之见解。今《居士集》卷四十三有《廖氏文集序》曰：

　　　　自孔子殁而周衰，接乎战国，秦遂焚书，六经于是中绝。汉兴，盖久而后出。其散乱磨灭，既失其传，然后诸儒因得措其异说于其间。如河图洛书，怪妄之尤甚者。余尝哀夫学者知守经以笃信，而不知伪说之乱经也。屡为说以黜之，而学者溺其久习之传，反骇然非余。以一人之见，决千岁不可考之是非，欲夺众人之所信，徒自守而世莫之从也。余以谓自孔子殁，至今二千岁之间，有一欧阳修者为是说矣，又

15

二千岁，焉知无一人焉与修同其说也？又二千岁，将复有一人焉，然则同者至于三，则后之人不待千岁而有也。同予说者既众，则众人之所溺者，可胜而夺也。夫六经非一世之书，其将与天地无终极而存也。以无终极视数千岁，于其间，顷刻尔。是则余之有待于后者远矣，非汲汲有求于今世也。衡山廖倚与余游三十年，已而出其兄偁之遗文百余篇，号朱陵编者，其论《洪范》，以为九畴圣人之法尔，非有龟书出洛之事也。余乃知不待千岁，而有与余同于今世者。始余之待于后世也，冀有因余言而同者尔。若偁者，未尝闻余言，盖其意有所合焉。然则举今之世，固有不相求而同者矣，亦何待于数千岁乎？……知所待者必有时而获，知所畜者必有时而施。苟有志焉，不必有求而后合。余嘉与偁不相求而两得也，于是乎书。

按此文作于嘉祐六年，可见庐陵治经之意态矣。其《易童子问》疑十翼，《春秋论》（上中下三篇，《居士集》卷十八）疑三传，为《诗本义》不守毛郑，皆不轻信前人传注旧说，而独穷遗经于二千岁之上者。王厚斋曰："欧阳公以河图洛书为怪妄。东坡云：著于《易》，见于《论语》，不可诬也。南丰云：以非所习见，则果于以为不然，是以天地万物之变，为可尽于耳目之所及，亦可谓过矣。苏曾皆欧阳公门人，而议论不苟同如此。"自今观之，更可见庐陵之卓然特出，其所称于廖偁者之洵不虚也。而于当时特有关系者，则为对于《周礼》之意见。今《居士集》卷四十八有《策进士问》数篇道其意云：

问六经者,先王之治具,而后世之取法也。《书》载上古,《春秋》纪事,《诗》以微言感刺,《易》道隐而深矣,其切于世者,《礼》与《乐》也。自秦之焚书,六经尽矣,至汉而出者,皆其残脱颠倒,或传之老师昏耄之说,或取之冢墓屋壁之间,是以学者不明,异说纷起。况乎《周礼》,其出最后,然其为书备矣。其天地万物之统,制礼作乐,建国君民,养生事死,禁非道善,所以为治之法,皆有条理。三代之政美矣,而周之治迹所以比二代而尤详,见于后世者,《周礼》著之故也。然汉武以为渎乱不验之书,何休亦云六国阴谋之说,何也?然今考之,实有可疑者。

夫内设公卿大夫士,下至府史胥徒以相副贰,外分九服,建五等,差尊卑以相统理,此《周礼》之大略也。而六官之属,略见于经者,五万余人,而里闾县都之长,军师卒伍之徒不与焉。王畿千里之地,为田几井,容民几家,王官王族之国邑几数,民之贡赋几何,而又容五万人者于其间。其人耕而赋乎?如其不耕而赋,则何以给之?夫为治者,故若是之烦乎?此其一可疑者也。秦既诽古,尽去古制。自汉以后,帝王称号,官府制度,皆袭秦故。以至于今,虽有因有革,然大抵皆秦制也。未尝有意于《周礼》者。岂其体大而难行乎?其果不可行乎?夫立法垂制,将以遗后也,使难行而万世莫能行,与不可行等尔。然则反秦制之不若也。脱有行者,亦莫能兴,或因以取乱,王莽后周是也。则其不可用决矣。此又可疑也。然其祭祀衣服车骑,似有可采者,岂所谓郁郁之文乎?三代之治,其要如何?《周礼》之经,其失安在？宜于今者，其理安从？其悉陈无隐！

又问三王之治，损益不同，而制度文章，惟周为大备。《周礼》之制，设六官以治万民，而百事理。夫公卿之任重矣，若乃祭祀天地日月宗庙社稷四郊明堂之类，天子大臣所躬亲者，一岁之间有几？又有巡狩朝会师田射耕燕飨，凡大事之举，一岁之间又有几？而为其民者，亦有畋猎学校乡射饮酒，凡大聚会，一岁之间有几？又有州党族官岁时月朔春秋酺禜询事读法，一岁之间又有几？其斋戒供给期召奔走废日几何？由是而言，疑其官不得安其府，民不得安其居，亦何暇修政事，治生业乎？何其烦之若是也？然说者谓周用此以致太平，岂朝廷礼乐文物，万民富庶岂弟，必如是之勤且详，然后可以致之欤？后世苟简，不能备举，故其未能及于三代之盛欤？然为治者果若是之劳乎？用之于今，果安焉而不倦乎？抑其设施有法，而弟弗深考之欤？诸君子为言之！

按：此问在仁宗嘉祐二年，程颢张载朱光庭苏轼苏辙曾巩皆以是科及第。前策尚在嘉祐二年前，李觏作《周礼致太平论》则在皇祐四年。

宋儒自胡安定以经义时务分斋讲学，一时风气竞务于通经致用，盱江李泰伯遂为《周礼致太平论》，及王介甫用事，乃依会《周礼》行新法。此皆庐陵乡人，接闻庐陵之风声而起者。庐陵独深不喜迂今媚古之见。凡其致疑于《周礼》者，盖有感于时论而发。及南渡以后，如叶水心马贵与之徒，皆竞言《周礼》成法不足推行于后世矣。然水心仍摆脱伪见未尽，顾以讥庐陵谓"欧阳氏策，为三代井田礼乐而发者五，似叹先王之道不得行于后世者，然其意则不以汉唐为非，岂特不以为非，而直谓唐太宗之治几乎三王，则不必论矣"，而不知此正庐陵之卓然特出于时流者。

庐陵论政制颇疑《周礼》，论心性又疑及《中庸》。今《居士集·策问》有及此者，云：

问：《礼》《乐》之书，散亡而杂出于诸儒之记，独《中庸》出于子思。子思，圣人之后也，其所传宜得其真，而其说有异乎圣人者，何也？《论语》云"吾十有五而志于学，三十而立，四十而不惑，五十而知天命"，盖孔子自年十五而学，学十五年而后有立，其道又须十年而一进。孔子之圣，必学而后至，久而后成，而《中庸》曰"自诚明谓之性，自明诚谓之教"，自诚明，生而知之也，自明诚，学而知之也。若孔子者，可谓学而知之者。孔子必须学，则《中庸》所谓自诚而明，不学而知之者，谁可以当之欤？尧用四凶，其初非不思也，盖思之不能无失耳，故曰"惟帝其难之"。舜之于事，必问于人而择焉，故曰"舜好问"。禹之于事，己所不决，人有告之言，则拜而从之，故曰"禹拜昌言"。汤之有过，后知而必改，故曰"改过不吝"。孔子亦尝有过，故曰"幸，苟有过，人必知之"。而《中庸》曰："诚者不勉而中，不思而得。"夫尧之思虑常有失，舜禹常待人之助，汤与孔子常有过，此五君子者，皆上古圣人之明者，其勉而思之，犹有不及，则《中庸》之所谓不勉而中，不思而得者，谁可以当之欤？此五君子者，不足当之，则自有天地已来，无其人矣。岂所谓虚言高论，而无益者欤？夫孔子必学而后至，尧之思虑或失，舜禹必资于人，汤孔不能无过，此皆勉人力行不怠有益之言也。若《中庸》之诚明不可及，则怠人而中止，无用之空言也。故予疑其传之谬也。吾子以为如何？

自唐李翱《复性书》盛推《中庸》，宋儒尤乐道，虽范文正亦尔，庐陵独疑之。盖不徒疑《中庸》也。凡当时言心言性之说，庐陵皆不喜，《居士集》卷四十七有《答李诩第二书》畅论其意。书曰：

> 修白：前辱示书，及《性诠》三篇，见吾子好学善辩，而文能尽其意之详。今世之言性者多矣，有所不及也，故思与吾子卒其说。修患世之学者多言性，故常为说曰：夫性，非学者之所急，而圣人之所罕言也。《易》六十四卦不言性，其言者，动静得失吉凶之常理也。《春秋》二百四十二年不言性，其言者，善恶是非之实录也。《诗》三百五篇不言性，其言者，政教兴衰之美刺也。《书》五十九篇不言性，其言者，尧舜三代之治乱也。《礼》《乐》之书虽不完，而杂出于诸儒之记，然其大要，治国修身之法也。六经之所载，皆人事之切于世者，是以言之甚详。至于性也，百不一二言之，或因言而及焉，非为性而言也，故虽言而不究。予之所谓不言者，非谓绝而无言，盖其言者鲜，而又不主于性而言也。《论语》所载七十二子之问于孔子者，问孝问忠，问仁义，问

礼乐,问修身,问为政,问朋友,问鬼神者有矣,未尝有问性者。孔子之告其弟子者凡数千言,其及于性者,一言而已。予故曰非学者之所急,而圣人之罕言也。《书》曰"习与性成",《语》曰"性相近,习相远"者,戒人慎所习而言也。《中庸》曰"天命之谓性,率性之谓道"者,明性无常,必有以率之也。《乐记》亦曰"感物而动性之欲"者,明物之感人无不至也。然终不言性果善果恶,但戒人慎所习与所感,而勤其所以率之者尔。予故曰因言以及之,而不究也。修少好学,知学之难,凡所谓六经之所载,七十二子之所问者,学之终身有不能达者矣。于其所达,行之终身有不能至者矣。以予之汲汲于此,而不暇乎其他,因以知七十二子亦以是汲汲而不暇。又以知圣人所以教人垂世,亦皇皇而不暇也。今之学者,于古圣贤所皇皇汲汲者,学之行之,或未至其一二,而好为性说,以穷圣贤之所罕言而不究者。执后儒之偏说,事无用之空言,此予之所不暇也。或有问曰:性果不足学乎? 予曰:性者,与身俱生,而人之所皆有也。为君子者,修身治人,而己性之善恶不必究也。使性果善邪? 身不可以不修,人不可以不治。使性果恶邪? 身不可以不修,人不可以不治。不修其身,虽君子而为小人,《书》曰"惟圣罔念作狂"是也。能修其身,虽小人而为君子,《书》曰"惟狂克念作圣"是也。治道备,人斯为善矣,《书》曰"黎民于变时雍"是也。治道失,人斯为恶矣,《书》曰"殷顽民",又曰"旧染污俗"是也。故为君子者,以修身治人为急,而不穷性以为言。夫七十二子之不问,六经之不主言,或虽言而不究,岂略之哉？盖有意也。或又问曰：然则三子言性过欤？曰：不过也。其不同，何也？曰：始异而终同也。使孟子曰人性善矣，遂怠而不教，则是过也。使荀子曰人性恶矣，遂弃而不教，则是过也。使杨子曰人性混矣，遂肆而不教，则是过也。然三子者，或身奔走诸侯以行其道，或著书累千万言以告于后世，未尝不区区以仁义礼乐为急，盖其意以为善者一日不教，则失而入于恶，恶者勤而教之，则可使至于善。混者驱而率之，则可使去恶而就善也。其说与《书》之"习与性成"，《语》之"性近习远"，《中庸》之"有以率之"，《乐记》之"慎物所感"，皆合。夫三子者，推其言则殊，察其用心则一，故予以为推其言不过始异而终同也。凡论三子者，以予言而一之，则说说者可以息矣。予之所说如此，吾子其择焉。

昔阎百诗辨伪《古文尚书》，毛西河语之曰：姚立方，子之廖偶，此以百诗之疑经辨伪上拟庐陵也。今观庐陵此书，又俨然顾亭林之先声矣。庐陵友人刘公是特辨之，又不啻张蒿庵之折亭林也。近人奉顾阎为清学开山，谓其议论途辙，足以一反宋人之所为，岂谓宋学启先，此等议论途辙，固已先清儒而有乎？

然庐陵虽疑经辨伪，不喜言心性，而庐陵胸中自有一番古圣人及所谓古圣人之道者在，其意可征之于《本论》之上篇。（《居士集》第十七）其言曰：

佛法为中国患千余岁，世之卓然不惑而有力者，莫不欲去之。已尝去矣，而复大集。攻之暂破而愈坚，扑之未灭而愈炽，遂至于无可奈何。是果不可去邪？盖亦未知其方也。夫医者之于疾也，必推其病之所自来，而治其受病之处。病之中人，乘乎气虚而入焉，则善医者不攻其疾，而务养其气，气实则病去，此自然之效也。故救天下之患者，亦必推其患之所自来，而治其受患之处。佛为夷狄，去中国最远，而有佛固已久矣。尧舜三代之际，王政修明，礼义之教充于天下，于此之时，虽有佛，无由而入。及三代衰，王政阙，礼义废，后二百余年，而佛至乎中国。由是言之，佛所以为吾患者，乘其阙废之时而来，此其受患之本也。补其阙，修其废，使王政明而礼义充，则虽有佛，无所施于吾民矣。此亦自然之执也。昔尧舜三代之为政，设为井田之法，籍天下之人，计其口而皆授之田，凡人之力能胜耕者，莫不有田而耕之。敛以什一，差其征赋，以督其不勤。使天下之人力，皆尽于南亩，而不暇乎其他。然又惧其劳且怠而入于邪僻也，于是为制牲牢酒醴以养其体，弦匏俎豆以悦其耳目，于其不耕休力之时而教之以礼。故因其田猎而为搜狩之礼，因其嫁娶而为婚姻之礼，因其死葬而为丧祭之礼，因其饮食群聚而为乡射之礼。非徒以防其乱，又因而教之，使知尊卑长幼凡人之大伦也。故凡养生送死之道，皆因其欲而为之制。饰之物采而文焉，所以悦之使其易趣也。顺其情性而节焉，所以防之使其不过也。然犹惧其未也，又为立学以讲明之。故上自天子之郊，下至乡党，莫不有学。择民之聪明者而习焉，使相告语而诱劝其愚堕。呜呼，何其备也！盖三代之为政如此，其虑民之意甚精，治民之具甚备，防民之术甚周，诱民之道甚笃。行之以勤，而被于物者洽，浸之以渐，而入于人者深。故民之生也，不用力乎南亩，则从事于礼乐之际。不在其家，则在乎庠序之间。耳闻目见，无非仁义。乐而趣之，不知其倦。终身不见异物，又奚暇夫外慕哉？故曰：虽有佛，无由而入者，谓有此具也。及周之衰，秦并天下，尽去三代之法，而王道中绝。后之有天下者，不能勉强，其为治之具不备，防民之渐不周，佛于此时乘间而出。千有余岁之间，佛之来者日益众，吾之所为者日益坏。井田最先废，而兼并游惰之奸起。其后所谓搜狩婚姻丧祭乡射之礼，凡所以教民之具，相次而尽废，然后民之奸者有暇而为佗。其良者，泯然不见礼义之及己。夫奸民有余力，则思为邪僻。良民不见礼义，则莫知所趣。佛于此时乘其隙，方鼓其雄诞之说而牵之，则民不得不从而归矣。又况王公大人，往往倡而殴之，曰佛是真可归依者，然则吾民何疑而不归焉？幸而有一不惑者，方舴然而怒曰：佛何为者，吾将操戈而逐之，又曰吾将有说以排之。夫千岁之患，遍于天下，岂一人一日之可为？民之沉酣，入于骨髓，非口舌之可胜。然则将奈何？曰：莫若修其本以胜之。昔战国之时，杨墨交乱，孟子患之，而专言仁义。故仁义之说胜，则杨墨之学废。汉之时，百家并兴，董生患之，而退修孔氏。故孔子之道明，而百家息。此所谓修其本以胜之之效也。今八尺之夫，被甲荷戟，勇盖三军，然而见佛则拜，闻佛之说则有畏慕之诚者，何也？彼诚壮佼，其中心茫然，无所守而然也。一介之士，眇然柔懦，进趋畏怯,然而闻有道佛者,则义形于色,非徒不为之屈,又欲驱而绝之者,何也?彼无佗焉,学问明而礼义熟,中心有所守以胜之也。然则礼义者,胜佛之本也。今一介之士,知礼义者,尚能不为之屈,使天下皆知礼义,则胜之矣。此自然之势也。

此意庐陵又时发之于试进士之《策问》。曰:

> 问:礼乐,治民之具也。王者之爱养斯民,其于教导之方,甚勤而备。故礼防民之欲也周,乐成民之俗也厚。苟不由焉,则赏不足劝善,刑不足禁非,而政不成。大宋之兴八十余岁,明天子仁圣,思致民于太平,久矣!而天下之广,元元之众,州县之吏,奉法守职,不暇其他,使愚民目不识俎豆,耳不闻弦匏,民俗顽鄙,刑狱不衰,而吏无任责。夫先王之遗文具在,凡岁时吉凶聚会,考古礼乐,可施民间者,其别有几?顺民便事,可行于今者有几?行之固有次第,其所当先者又有几?礼乐兴而后臻于富庶欤?将既富而后教之欤?夫政缓而迂,鲜近事实,教不以渐,则或戾民。欲其不迂而政易成,有渐而民不戾者,其术何云?儒者之于礼乐,不徒诵其文,必能通其用。不独学于古,必可施于今。愿悉陈之无让!

按此策在庆历二年。

　　问：古者为治有繁简，其施于民也有浅深，各适其宜而已。三代之盛时，地方万里，而王所自治者，千里而已，其余以建诸侯。至于礼乐刑政，颁其大法而使守之，则其大体盖简如此。诸侯大小国盖数千，必各立都邑，建宗庙，卿士大夫朝聘祭祀，训农练卒，居民度土，自一夫以上，皆有法制。则其于众务，何其繁也？今自京师至于海隅徼障，一尉卒之职必命于朝，政之大小皆自朝出，州县之吏，奉行而已。是举天下皆所自治，其于大体，则为繁矣。其州县大小，邑间田井，训农练卒，一夫以上，略无制度，其于众务，何其忽而简也？夫礼以治民，而乐以和之，德义仁恩，长养涵泽，此三代之所以深于民者也。政以一民，刑以防之，此其浅者尔。今自宰相至于州县有司，莫不行文书，治吏事，其急在于督赋敛，断狱讼而已。此特浅者尔。礼乐仁义，吏不知所以为，而欲望民之被其教，其可得乎？夫治大以简，则力有余，治小以繁，则事不遗。制民以浅则防其僻，渐民以深则化可成。此三代之所以治也，今一切悖古，简其当繁而繁其可简，务其浅而忽其深，故为国百年而仁政未成，生民未厚者，以此也。然若欲使国体大小适繁急之宜，法政弛张尽浅深之术，诸侯井田不可卒复，施于今者何宜？礼乐刑政不可卒成，用于今者何便？悖古之失，其原何自？修复之方，其术何始？迹治乱，通古今，子大夫之职也，其悉心以陈焉！

大体言之，庐陵之学，犹是安定以来经义时务并重之旨，即刘彝仲所谓明体达用以为政教之本者也。叶氏《习学记言》论之曰：

"以经为正,而不汩于章读笺注,此欧阳氏读书法也。"又曰:"欧阳氏语,文学止于润身,政事可以及物。"故史称学者求见,所与言未尝及文章,惟谈吏事。其策问亦多为三代井田礼乐而发。然惜其耗心力于文章者犹多。其赠荆公诗云:"翰林风月三千首,吏部文章二百年。老去自怜心尚在,后来谁与子争先。"而荆公酬之云:"欲传道义心虽壮,强学文章力已穷。他日若能窥孟子,终身何敢望韩公。"故荆公论学,由文章政事而浸浸及夫性道,然犹不免文章习气,而于政事尤急切。至伊洛出,始一扫文辞之习,而于政事亦置于后图,惟汲汲以辨性明道为先,此则宋学先进后进之所由异也。

此文刊于一九三七年五月燕京大学《文学年报》三期

读智圆《闲居编》

宋真宗大中祥符九年丙辰,欧阳修方十岁,在随州,见韩愈遗文六卷于李氏敝麓,乞得之,其后韩文大行,群推自欧阳氏启之。然余考是年,释智圆自序其《闲居编》于钱塘之孤山。其言曰:释智圆于讲佛经外,好读周孔杨孟书,往往学为古文以宗其道。又爱吟五七言诗以乐其性情。其言学古文,即是学韩。书中卷三十九有《读韩文》诗云:

> 文不可终否,天生韩吏部,叱伪俾归真,鞭今使复古。异端维既绝,儒宗缺皆补。高文七百篇,炳若日月悬,力扶姬孔道,手持文章权。来者知尊儒,孰不由兹焉。我生好古风,服读长洒蒙,何必唐一经,文道方可崇。

其推挹韩文如此,早在欧阳前。又同卷有《述韩柳》诗谓:

> 后生学韩文,于释长狺狺。未知韩子道,先学韩子嗔。

忘本以竞末，今古空劳神。

是当时已多因诵韩文而斥佛者。又卷二十八《师韩议》云：

> 吾门中有为文者，反斥本教以尊儒术，乃曰师韩愈之为
> 人也，师韩愈之为文也，则于佛不得不斥，于儒不得不尊，理
> 固然也。

是则尊韩斥佛，其风并浸被于方外。又同卷《驳嗣禹说》谓：种
征君作《嗣禹说》，大抵以排斥释氏为意。谓尧水禹治，仲尼能
嗣禹绩，次孟轲扬雄王通韩愈，以愈排斥浮图能嗣禹功。种放卒
于大中祥符八年乙卯，穆修从之受《易》，疑穆氏为古文，师韩
柳，或亦由种启之。穆修登进士第在大中祥符二年己酉，其从游
于种，当在此时前后。《驳嗣禹说》称种征君，或当在咸平四五
年种初见召时，穆修尚未与种相识，年仅二十三四，其治韩文或
当在后，而智圆种放转以方外治韩文在穆修前矣。此上惟柳开
仲涂，远在太祖开宝六年成进士，而其始学韩文，尚在成进士前
十年，是太祖乾德元年也。开初名肩愈，号绍先，谓绍其族之先
人柳宗元。智圆《闲居编》亦屡以韩柳齐称。穆修得柳文，刻之
京师，其年为仁宗天圣九年辛未，欧阳修方先一年成进士，而智
圆之卒，在真宗乾兴元年壬戌，先是十年矣。王通在唐代，颇少
称述，至晚唐皮陆始加推崇，柳开自称先慕韩愈为文，作《东郊
野夫传》。既乃探六经之旨，有包括扬孟之志，乐与文中子齐其
著述，遂改名开，字仲涂，意谓将开古圣贤之道于时，乃作《补亡

先生传》，常谓惟谈孔孟荀扬王韩以为企迹。《闲居编》卷二十六有《读中说》篇，谓：

> 仲淹之道，《中说》之辞，没然不称，惟陆龟蒙皮日休孙郃稍道其美，而尚未能御其侮以阐其幽也。泊圣朝孙汉公作《辨文中子》一篇，使横议者不能塞路，由是后学耻不读仲淹之书，耻不知仲淹之道，使后世胥附于王通者，汉公之力也。

孙汉公乃孙何，太宗淳化三年壬辰成进士，与柳开略同时而稍后。是王通在宋初，已多推敬。《闲居编》卷四十六又有《读王通〈中说〉》诗，谓：

> 孟轲荀况与扬雄，代异言殊道一同。夫子文章天未丧，又于隋世产王通。

又卷二十六有《让李习之》文，谓：

> 仲淹之书，辞淳理真，不在《法言》下，习之答梁载书以与《太公家教》同科，品藻无当。既蔽往贤，又误后学。

又卷十六《对友人问》，以周公孔子孟轲扬雄王通韩柳为儒统。又卷二十七《叙传神》，谓：

仲尼得唐虞禹汤文武姬公之道。仲尼既没,能嗣仲尼之道者,惟孟轲荀卿扬子云王仲淹韩退之柳子厚而已。

其尊推通,亦近种放。厥后石介孙复诸人继起,抑皆在种放智圆之后矣。智圆又极推《中庸》,故自号中庸子,《闲居编》卷十九有《中庸子传》三篇,谓儒释者,言异而理贯,莫不化民,俾迁善远恶也。儒者饰身之教,故谓之外典。释者修心之教,故谓之内典也。蚩蚩生民,岂越于身心哉。非吾二教,何以化之乎?嘻!儒乎释乎,其共为表里乎?世有限于域内者,故厚诬于吾教,谓弃之可也。世有滞于释氏者,往往以儒为戏。岂知夫非仲尼之教则国无以治,家无以宁,身无以安。释氏之道,何由而行哉。又谓儒家之《中庸》,犹龙树之所谓中道义也。诸法云云,一心所变。心无状也,法岂有哉。亡之弥存,性本具也。存之弥亡,体非有也。非亡非存,中义著也。能仁千言万说,岂逾此旨乎。盖智圆八岁即受具,二十一岁传天台三观,(亦见《中庸子传》)故其言如此。盖自唐李翱以来,宋人尊《中庸》,似无先于智圆者。《闲居编》卷十六《三笑图赞》有曰:

释道儒宗,其旨本融,守株则塞,忘筌乃通。

又卷三十七《挽歌词》:

平生宗释复宗儒,竭虑研精四体枯。莫待归全寂无语,始知诸法本来无。

又卷四十《讲堂书事》有曰：

> 早玩台衡宗，佛理既研精。晚读周孔书，人伦由著明。
> 扬雄玄尚白，仲尼道不行，唯当照真空，万事从营营。

时儒学尚未兴，朝廷大臣如杨亿王钦若陈尧叟夏竦之徒皆佞佛，范仲淹胡瑗尚年少，智圆先入空门，晚知尊儒，《闲居编》卷四十八《潜夫咏》自谓：

> 宗儒述孟轲，好道注阴符，虚堂踞高台，往往谈浮图，漫
> 衍虽无家，大方贵无隅，俗人每侧目，订之为狂徒。

又卷四十九《湖居感伤》诗有云：

> 礼乐师周孔，虚无学老庄。躁嫌成器晚，心竞寸阴忙。
> 翼翼修天爵，孜孜耻面墙。内藏儒志气，外假佛衣裳。每恶
> 销金口，时劳疾恶肠。

以一释子而切慕儒术于举世不为之时，宜为一时所诧怪矣。后人言宋初释子通儒学，辄举契嵩《镡津》一集，然契嵩持承智圆而起，已当仁宗时，韩富当国，欧阳已为一代宗师，儒术已大昌，天下士方务为古文，慕韩氏之辟佛尊孔，契嵩乃作《原教孝论》诸篇，明儒释之一贯，岂如智圆方值佛门尚盛，而先诵儒典乎。又二人皆以未及十龄之幼童即入山门，皆通外典，经子博洽，亦

见当时方外风气之一般。余又考智圆佛典撰述目录，凡一百七十余卷，其内学造诣，亦确然为山家一尊宿。其《疏四十二章经》云：

> 佛教东传，与仲尼伯阳之说为三。然孔老之训词，谈性命未极于唯心，言报应未臻于三世。至于治天下，安国家，不可一日无也。至若释氏之为教，指虚空界悉我自心，非止言太极生两仪，玄牝为天地根而已。考善恶报应，悉我自业，非止言上帝无常，天网恢恢而已。有以见仲尼伯阳虽广大悉备，其齐神明，研至理者，略指其趣耳。大畅其妙者，则存乎释氏之训敕。

观其言，虽兼尚孔老，而不失为一衲子如故。然余考其《闲居编》中所序佛书《四十二章经序》在第一编之第二篇，应在早岁。《潜夫咏》与《湖居感伤》诗则在第四十八、四十九编，则显出在后。则是智圆之学，乃弥老而弥向于儒，虽其变进，难以具体岁月确证，然宜可微窥而知也。故当时乃贬之为山外，然其高世之才，弥天之笔，则终亦不得不称之。其生平著述多出病中。余此数年，胃病剧发，偶披释典，阅其书，颇增同病之感，因为撮叙其大要焉。中华民国三十六年一月十五日在昆明五华学院。

附 《闲居编》文目年月可考者抄摘如下

景德三年丙午	三十一岁	八月《金刚錍显性录序》
大中祥符二年己酉	三十四岁	四月《请观音经疏演义钞序》《阐义

钞序》

大中祥符四年辛亥	三十六岁	正月《注观心论后序》
大中祥符五年壬子	三十七岁	二月《盂兰盆经疏摭笔钞序》
大中祥符六年癸丑	三十八岁	九月《涅槃经疏三经指归序》
大中祥符七年甲寅	三十九岁	正月《涅槃玄义发源机要记序》
大中祥符八年乙卯	四十岁	二月《观经疏刊正记序》
		闰六月《智者十德礼赞序》
		十二月《维摩经略疏垂俗记序》
大中祥符九年丙辰	四十一岁	五月自序《闲居编》
天禧元年丁巳	四十二岁	《书文殊般若经疏后序》
天禧二年戊午	四十三岁	十月《金光明经玄义表微记序》《金光明经文句索隐记序》
天禧三年己未	四十四岁	十月《翻经通纪序》《勉学》
天禧四年庚申	四十五岁	二月《文殊说般若经疏析重钞序》《首楞严经疏谷响钞序》
		四月《普入不思议法门经序》
		八月《病课集序》
天禧五年辛酉	四十六岁	十一月《阿弥陀经疏西资钞序》
乾兴元年壬戌	四十七岁	正月《生死无好恶论》《吴遵路撰闲居编序》

此文刊于一九四七年二月四日南京
《中央日报·文史周刊》第三十七期

读契嵩《镡津集》

月前曾草宗密《原人论》一篇，认为佛学中禅与华严联合，其思想路径，可为宋代理学开先河。因念契嵩《镡津集》，可证余说，遂续草斯篇。

契嵩已在宋仁宗时，(陈舜俞为作《行业记》，谓其卒于神宗熙宁之五年。)七岁出家，十三得度落发，十九而游方。当是时，天下之士学为古文，慕韩退之排佛而尊孔子。仲灵(契嵩字)作《原教孝论》十余篇，明儒释之道一贯，以抗其说。皇祐中，复著《禅宗定祖图》《传法正宗记》，抱其书游京师，奏上之。诏付传法院编次，所著书自《定祖图》而下，谓之《嘉祐集》。又有《治平集》，凡百余卷。总六十有余万言。

怀悟之序曰：

《正宗记》《定祖图》与今文集等，会计之，才得三十有余万，其余则蔑然无闻矣。

又曰：

> 仁宗皇帝读其书，至臣固为道不为名，为法不为身，叹爱久之，旌以明教大师之号。

又曰：

> 师虽古今内外之书无所不读，至于著书，乃广明外教，皇极中庸之道，安危治乱之略，王霸刑名赏罚之权，而终导之无为寂默之道。

又曰：

> 当是时，宗儒束教辈，是非之锋，谤骂之熖纷然。

又引欧阳修《重读徂徕集》云：待彼谤熖熄，放此光芒悬。人生一世中，长短无百年。无穷在其后，万世在其前。得长多几何，得短未足怜。惟彼不可为，名声文行然。谗诬不须辩，亦止百年间。百年后生者，憎爱不相缘。公议然后出，自然见媸妍。因曰：

> 师中间虽以护法遭难，然其所谓珠光玉彩，日精月华者，世虽见其有烟云水火焚溺蔽亏之患，而其光采精华，固莹如也。

是契嵩在当时,亦多遭谤议,今则无可详考矣。但直至清代收其书入四库,馆臣为提要,犹讥其恃气求胜,援儒入墨,则契嵩之遭谤议,可谓历千年而未已也。

今读其集,其文固俨然韩愈氏之古文,其所论则可以厝诸同时儒家诸集中而混然莫可辨。其内容固未臻乎卓至,然亦甚见其明通。其论经,文集卷七《问经篇》则曰:

> 史谓(史字疑误)《易》与《春秋》,天道也。予欲尊而专之,子谓何如。曰:岂然乎? 五经之治,犹五行之成阴阳也。苟一失,则乾坤之道缪矣。今尊二经而舍乎《诗》《书》《礼》,则治道缺。《礼》者,皇极之形容。《诗》者,教化之效。《书》者,事业之存。善言《书》者必稽乎事业。善言《诗》者必推于教化。善言《礼》者必宗其皇极。知皇极,可与举帝王之制度。知教化,可与语移风易俗。知事业,可与语圣贤之所为。《诗》《书》《礼》其可遗乎。

下逮清儒,亦有言不通群经,不足以通一经者,而契嵩已先言之。而治经必归之于政制治道风俗教化与圣贤事业之三者,则往往经生有不知。

其论子,文集卷七《九流篇》则曰:

> 儒家者流,其道尚备。老氏者流,其道尚简。阴阳家者流,其道尚时。墨家者流,其道尚节。法家者流,其道尚严。名家者流,其道尚察。纵横家者流,其道尚变。杂家者流,

其道尚通。农家者流，其道尚足。然皆有所短长。苟拂短
而会长，亦足以资治道。

其言一扫家派门户之见。而契嵩以一僧人，关心治道，尤为不可
及。故其于经，尤重《洪范》《中庸》，文集卷四有《皇极论》一篇，
《中庸解》五篇。其时，如胡安定重《洪范》，范仲淹重《中庸》，北
宋儒学初兴，其风如此。嘉祐新政正在其时，契嵩盖亦受时风之
影响也。

惟其时方提倡韩愈古文，而契嵩特著《非韩篇》。盖佛学极
盛于唐，独韩愈辞而辟之。及乎宋初，佛门中皆读韩文，余已著
之于《读智圆之〈闲居编〉》。自晚唐下迄五代，天下大乱，社会
大群，岌岌不可终日。苟非光明治道，即方外亦无以自安，佛道
亦无以自存，其意备见于《闲居编》。其时儒学尚未盛，而智圆
特于韩愈加以提倡。及契嵩继起，儒学已臻光昌，释氏地位日
降，契嵩乃转其辞锋，援儒以卫佛。而于韩愈乃加讥贬。即于此
两人，亦大可觇世运学风之变矣。

《镡津集》卷十七、十八、十九三卷，有《非韩子》三十篇，仅
亦三万余言。其非韩大意，乃不在争儒释门户，而即就儒义非
之。盖韩氏之言既有非，则其辟佛，亦自见其不可崇信也。其
《非韩》第一篇有云：

> 韩子徒守人伦之近事，而不见乎人生之远理。

其言遥如此后理学家所云。契嵩以佛徒好言理字。卷十《上曾

参政书》引《唐书》，佛虽异方之教，无损为理之源。向所谓佛道有益教化在此。是契嵩既留心治道，又注意教化，可谓确然得儒家之统。而其提理字，则远从竺道生，近取华严，固于佛门远有渊源也。

又如第八篇非韩子《三上宰相书》，第十篇非韩子《谪潮州刺史谢上表》，讽劝朝廷封禅，此等皆后世儒家所不满于韩集者，而契嵩皆已先发之。其第八篇辨《获麟解》，谓西狩获麟，麟不自然而出，韩子谓麟为孔子出，苟取杂家妄说，无经据。又谓麟为后代受命者之符瑞，皆经传所不见。谓孔子为素王，诬圣人之甚。此皆经学中之正论。后世儒生尚有传袭此等传说者，而契嵩亦已独加辨斥。又如第二十二篇，非韩子《欧阳詹哀辞》，引唐人黄璞传，谓詹为一娼妇一恸而死，乃不孝。并引《太平广记》为证。此等近于后世考据家言。诵韩文者，无不喜其《欧阳詹哀辞》，乃绝少知此。契嵩以一僧人，考索及之。其读书之浩博无涯涘，亦可惊怪矣。

凡契嵩《非韩》三十篇，义理考据训诂，皆所涉及。略见其一斑如上引，余不赘。

契嵩治学著书之主要宗旨，则在援儒卫释。其思想理论，多可与后起理学家言相呼应。《镡津集》卷一《辅教编》上《原教篇》有曰：

> 万物有性情，古今有死生。然而死生性情未始不相因而有。

死生问题乃释迦出家一大动机,佛学引端在此。而性情问题,则禅宗弘忍慧能特所提絜也。又曰:

> 形象者举有情,佛行情而不情耳。

此谓佛行情而不情,即犹王弼所谓圣人之情,应物而无累于物也。又曰:

> 情而为之,其势近权。不情而为之,其势近理。性相同,情相异。异焉而天下鲜不竞,同焉而天下鲜不安。

此处分辨性、情,其后程朱性即理之说,契嵩已启其端。又曰:

> 吾佛之言性,与世书一也。水多得其同,则深为河海。土多得其同,则积为山岳。大人多得其同,则广为道德。

道德从同处来,即孟子所谓心之所同然也。其《劝书》第一则曰:

> 心者,圣人道义之本。
> 世道资佛道而为其根本。

此谓善言心者乃佛道,故世道资以为本也。所谓圣人,乃指佛陀言。卷二《辅教篇》中《广原教》有曰:

惟心之谓道,阐道之谓教。

教者,圣人明道救世之大端,乘时应机不思议之大用。

不可以一概求,不以世道拟议。得在乎心通,失在于迹较。

此谓圣人,皆指佛陀。心通则儒释同,较迹则儒释异。契嵩之援儒卫释,亦谓释亦无殊于儒而已。又曰:

心必至,至必变。变者识也,至者如也。如者,妙万物者也。识者,纷万物异万物者也。变也者,动之几也。至也者,妙之本也。万物之变见乎情,天下之至存乎性。情性可以语圣人之教。万物同灵之谓心。心与道,岂异乎哉。

谓心与道无异,即犹宋儒谓心即理。其辨心与性情,较以前禅家言心为进矣。其辨心与识,义近宗密。可以谓心即道,不可谓识即道也。故佛门中之唯识,终非至义。又曰:

情出乎性,性隐乎情。性隐则至实之道息矣。故圣人以性为教。

又曰:

以情教人,其在生死之间乎? 以性教人,其出夫死生之外乎。情教其近也,性教其远也。诞乎死生之外而囿之,其

　　昧天理而绝乎生生之源也。

情教近,性教远。情在生死之间,性出死生之外,语涵深义。是不啻谓佛陀之教,必至于慧能而始达其极至。此亦与宗密《原人论》同意。又曰:

　　　何道无中,何道无教。

契嵩极重言中,此乃以儒家《中庸》会通于释氏而言之。故曰:

　　　有事中,有理中。事中,万事之制中者也。理中,性理
　　之至正者也。
　　　圣人所以为理必诚,为事必权,而事与理皆以大中得。

华严言事理无碍,宗密绾之于禅,赞宁《宋高僧传》称宗密有曰:

　　　本一心而贯诸法,显真体而融事理。超群有于对待,冥
　　物我而独运。

契嵩亦兼治华严,大有宗密之风。今传本《六祖坛经》,渊源亦自契嵩,见文集《六祖法宝记叙》。而其统事理于一中,中即本之心,所谓超群有于对待,冥物我而独运也。故契嵩之言理与中,义皆一指,由是而落实于事为则为道。契嵩又曰:

事有宜,理有至。从其宜而宜之,所以为圣人之教也。即其至而至之,所以为圣人之道也。

又曰善。契嵩又曰:

圣人感人心而天下化之。与人顺理之谓善,从善无迹之谓化。善之故,人慕而自劝。化之故,在人而不显。

善不修,人道绝矣。性不明,神道灭矣。圣人重人道,所以推善而益之。重神道,所以推性而嗣之。

圣人之感人心,由人心之同然。人受其感而化,亦若出于己心,不知由圣人之感,故曰在人而不显。象山言此心同,此理同。而不重圣人之感化,则所言较契嵩为偏浅矣。又曰善,落实在人事,较具体,故曰人道。性会通于至极,较抽象,故曰神道。人道重修,神道重明。明出自性,而心则贵修,其言极深允。又曰:

人者天者圣人者,孰不自性而出。圣人者天者人者,孰不自善而成。所出者,固其本也。所成者,固其教也。

人与天与圣之三阶层,契嵩乃用佛义。若依儒家言,则当曰天与圣人与人。其谓皆出于性,则犹朱子之言天即理。又曰:

全性莫若乎修,审性莫若乎证。修也者,治性之具也。证也者,见性之验也。

佛家言修与证，亦犹孟子言身之与反之也。契嵩之言，不仅欲通儒释，又兼欲通百家，故又曰：

> 古之有圣人焉，曰佛，曰儒，曰百家。心则一，其迹则异。一焉者，皆欲人为善也。异焉者，分家而各为其教也。
>
> 天下不可无儒无百家者，不可无佛。亏一教，则损天下之一善道。损一善道，则天下之恶加多矣。

以上杂引契嵩之阐佛道，其实皆由儒言而推广言之。曰性情，曰心，曰理，曰善，曰化，曰教，曰修，皆一本儒言以阐佛道也。其阐申佛道之所主，本于一心，其义承自禅宗。言心必及乎事与理，则承自华严。其分言心与性，则实本之儒家，较之唐代禅宗不别心性，所识益进矣。其言事，则推极之于治平政制，显已越出于释氏，此见北宋风气所尚。盖契嵩言治道，一本儒家，惟言教化，则不当摈释氏耳。其辨心与识，谓心必至，乃谓心必达至于事物之真以成识。事物多异多变，故曰变者识也。而又曰天下之至存乎性，盖性则从同，此乃近于以后理学家程朱一派格物穷理之教。格物穷理，则即异求同也。朱子又以心属气，性属理，可谓契嵩亦已先发之。惟契嵩所言，不如朱子之分别明析耳。

尤见为契嵩之特出者，《镡津集》卷三《辅教编》下有《孝论》十三篇，卷十一《与石门月禅师》，自称志在原教而行在孝论，亦可见其以此自重矣。其言曰：

> 天下之有为者，莫盛于生。吾资父母以生，故先于父

母。天下之明德，莫善于教，吾资师以教，故先于师。天下之妙事，莫妙于道，吾资道以用，故先于道。道者神用之本，师者教诰之本，父母形生之本。是三本者，天下之大本也。白刃可冒也，饮食可无也，此不可忘也。

儒家言天地君亲师，契嵩会之于释义，故以天地之道与亲与师为三本。释言佛法僧三宝，佛即师也。亲之一本，则实为释氏所不言。契嵩曰：

> 亲也者，形生之大本，人道之大恩也。唯大圣人为能重其大本，报其大恩。故方其成道之初而登天，先以其道谕其母氏。三月复归乎世，应命还其故国，示父于道而其国皆化。逮其丧父也，而躬与诸释负其棺以趋葬。今夫方为其徒，乃欲不务为孝，谓我出家专道，是岂见出家之心乎？

此言释迦亦重孝道。又曰：

> 慧能始鬻薪以养其母。将从师，患无以为母储。及还而其母已殂，慨不得见，遂寺其家以善之，终亦归死于是。

慧能虽言修行不必出家，但未明白提倡孝道。《坛经》叙慧能东山受法归粤后事，亦无一语及其母。今契嵩昌言孝道，又述及慧能纪念其母之事，为《坛经》所未及。又曰：

> 律宗曰：不展哀苦者，亦道俗之同耻。吾徒临丧，可不
> 哀乎？
>
> 目犍连，亦圣人也，尚不能泯情。吾徒其欲无情邪。

契嵩明白提出孝道，又明白提出一情字，皆见契嵩在僧人中之特出处，而亦见宋代社会学术风气之变，由释转儒，其势已不可侮，故契嵩亦随而变，莫能自外也。契嵩以七岁出家。《孝论》十三篇，有序一篇，备述其对父母之哀思。

《镡津集》卷四《中庸解》又曰：

> 郑氏解天命之谓性云：谓天所命生人者也。疑若性从所感而有。感乎金木水火土之神，则仁义礼智信之性也。似非习而得之。吾尝病郑氏之说，岂能究乎性命之说耶。天命则天地之数，性则性灵也。盖谓人以天地之数而生，合之性灵者也。性乃素有之理也。情，感而有之者也。圣人以人之性皆有乎恩爱感激知别思虑徇从之情也。故以其教、因而充之。恩爱可以成仁，感激可以成义，知别可以成礼，思虑可以成智，徇从可以成信。孰有因感而得其性也。物之未形也，则性与生俱无有也。孰为能感乎？彼金木水火土，其为物也无知，孰能谆谆而命其然乎？如郑之言，则圣人者何用教为？

契嵩此辨，与后起理学家中程朱一派之主张有同有异。契嵩谓天地之数，此即犹道家言自然也。人由自然生，而性则人生以后

因感而成。此与《中庸》天命之谓性涵义不同。因佛家言诸佛尤在诸天之上，故契嵩发此新义。明遗老王船山论性，颇近此。此层实尚待阐申。性必有灵，有对外物之感应，圣人教之，遂成仁义礼智信，此说较近孟子。程朱言性即理，而理必寓于气，气必寓有理。仁义礼智信，全为性中所有，于是有天地之性与气质之性之辨，反若与孟子有异。惟程朱言性，亦合天人而一之，则承自孟子。依程朱所言，人当从气质之性复归到天地之性。但依契嵩所言，则似谓人乃自天地之性而发展完成其气质之性者。似乎就人文立场言，契嵩之说，更为有积极向前之致。但佛家既把天地大自然的地位降低了，又以出世离俗为其立教之大本，则从佛教中展衍出宇宙论，终必以涅槃境界为其最后之归宿。儒家在孔孟当时，尚保持一素朴的天帝观。下至程朱，高抬理字，朱子说：天即理也。素朴的天帝观已放弃，但其天人合一观，即自然与人文之融会合一，自然界终自在人文界之上，人文界终是从自然界中来，故程朱主张从气质之性复归到天地之性。其实此天地之性，自程朱言之，亦可说是一纯理界，与佛家之涅槃真空不同。华严有理事无碍法界，而更有事事无碍法界。其实舍却理，岂能事事无碍。故华严立论，实为未臻至圆之境。事事无碍，乃承道家观点，一任自然，义不究竟，故有阴阳家与《易》《中庸》之继起。契嵩已驳郑玄注《中庸》，而华严事事无碍，反更不如郑玄，当另有交代。惟由华严与禅配合，于是事事无碍只在一心。故宗密《原人论》以至契嵩之《镡津集》，前后相符，同一规辙。但宗密与契嵩，皆极重教，此亦与陆王有异。陆王一本孟子，主张心即理，其敝不免轻视圣人之有教。就此言之，则宗密契嵩又转与程朱为近。朱子斥象山近禅，但朱子亦甚有取于华严。比论儒释异同，此层大应注意。而此问题之重要性，则反而转落到宇宙论上。朱子所以于二程以前尤特尊濂溪者在此。陆王于宇宙论方面无贡献，故其立说亦多窒碍不通也。

契嵩亦辨儒释。《镡津集》卷二《辅教编》中《广原教》有曰：

> 神也者，妙也。事也者，粗也。粗者，惟人知之。妙者，惟圣人知之。天下以彼我竞，以儒佛之事相是非，而天下之知儒佛之事，岂知其埏埴乎儒佛者也。夫含灵者，溥天溥地，遍幽遍明，遍乎愚人禽兽，非以神道弥纶，而古今殆有弃物。圣人重同灵，惧遗物也，故圣人以神道作。

其实程朱言格物穷理，理之中即无遗物，宁有一物能自外于理者。程朱又言性即理，又宁有一物，有生无生，而不有其性者。朱子以理与气言宇宙，即不烦多增一神字。释氏降低了天地自然万物的地位，只重一心之悟，把诸佛地位高抬在诸天之上，则更无以名之，而名之曰神。契嵩欲以此神道弥纶溥天溥地遍幽遍明遍乎愚人禽兽，谓可无弃物。不悟其仍遗弃了无生物。又曰圣同灵，惧遗物，又与其分别人天圣人之义相歧。依契嵩义，禽兽性而不别，众人灵而不明，此处仅当曰同此含生，或曰同此有情，而不当曰同灵。重同灵则必有遗物矣。《镡津集》中如此等处字语龃龉，尚多可遇。要之契嵩之论儒释，其有所发，亦仅可谓之大辂之椎轮也。

契嵩《中庸解》又曰：

善恶情也,非性也。情有善恶而性无善恶。性静也,情动也。善恶之形见于动。犬牛性而不别。众人灵而不明。贤人明而未诚,圣人诚且明。静与天地同其理,动与四时合其运。

程朱言天地之性属于至善。契嵩言性无善恶,则犹阳明四句教以无善无恶为心体也。言情有善恶,则犹阳明以有善有恶为意动也。犬牛性而不别,是谓其一任自然,不能自有所分别抉择。众人灵而不明,盖惟人性始有灵,始能自有分别抉择。惟未尽其灵则不明。贤人明而不诚,则是其分别抉择犹未能尽合乎天地之大理也。圣人诚且明,则天人合。以程朱义说之,契嵩之言明,是人之气质之性,明而达至诚,则还归天地之性矣。契嵩分圣贤众人与犬羊为四等,其主要分别即在此灵与明。然与上引一条有分歧,已辨如上。至谓性无善恶,乃道家义。契嵩服膺《中庸》,《中庸》乃儒家义,天命之性,决不能谓无善恶,故程朱谓气质之性,君子有勿性焉者。契嵩亦不能辨。余亦已阐其所以于前矣。故契嵩又曰:

仲尼曰:惟上智与下愚不移者,盖言人有才不才,其分定矣。才而明者,其为上矣。不才而昧者,其为下矣。岂曰其性有上下哉。苟有性有上下而不移,则饮食男女之性,智愚皆有之,不可谓其性定于上下也。

程朱言气质之性,正贵善加教导修习,以求上企于天地之性。陆王言良知,言心即理,纵其言若有合于孟子,然推之其前如《论语》,其后如《中庸》,皆有未合,则未为果得孟子之真意也。契嵩此等处,转近陆王,亦可谓悟有未彻矣。

契嵩《中庸解》又曰:

> 敢问:中庸可以学乎? 曰:学者,所以行其道。变而适义,所以为君子。通而失教,所以为小人。故言中庸者,正在乎学也。然则何以学? 曰:学礼也。学乐也。礼乐修,则中庸至矣。

昔程子游佛寺,曰:三代礼乐尽在是矣。契嵩以一僧人,极重儒道,盛推中庸,而曰学中庸主要在学礼乐。其言礼乐,所指不在佛门,而更要在俗世所谓之王道。其重学、重礼乐、重王道,皆于程朱为近,与陆王为远。

《镡津集》卷五有《礼乐》篇,其言曰:

> 礼者,因人情而制中,王者因礼而为政。人情莫不厚生,而礼教之养。人情莫不弃死,而礼正之丧。人情莫不有男女,而礼宜之匹。人情莫不有亲疏,而礼适之义。人情莫不用喜怒,而礼理之当。人情莫不怀货利,而礼以之节。礼举则情称物,物得理,则王政行。王政行则其人乐而其气和。乐者,所以接人心而达和气也。叔孙通制礼,事礼之仪者也。杜夔修乐,举乐之文者也。举文则宜其治之未臻,事仪则宜乎其政之未淳也。

此等皆脱尽佛门僧徒束缚，畅论世俗所谓礼乐王道之事，不可谓无见。故契嵩实不仅援儒卫释而已。彼以七岁即出家为僧。其于儒学，实亦有窥。较之同时如欧阳修、李觏之专业儒学者，或反不如契嵩之儒释兼参，而别有深入。余尝谓于中国历史求如西方之文艺复兴，惟宋代较近似。如智圆契嵩，则是当时由真转俗之先锋人物也。

《镡津集》卷六《性德》篇有曰：

> 性，生人者之自得。命，生人者之得于天。德，能正其生人者也。艺，能资其生人者也。德义，学之本，文艺，学之末。三代之盛，其教天下，所以学其本。三代之敝，其教天下，所以学其末。学末，故天下皆伪。学本，故天下皆厚。

此谓命乃生人之得于天，性乃生人之自得，分别性命，即上引命则天地之数，性则性灵之义。佛氏抹杀天，必谓佛超乎天之上，契嵩性命之辨即由此来。然则儒释之辨，其主要乃在宇宙论方面，岂不于契嵩之论而可参乎。程朱之有补于孔孟，亦在此等处。

同卷《存心》篇有曰：

> 存心者，必慎其所以感。辨人者，必观其所以应。

言灵则言感应。伊川曰：有感必有应。所应复为感，所以不已。朱子曰：凡在天地间，无非感应之理，造化与人事皆是。惟程朱

言感应,兼及无生,契嵩专以心言,则其异。又《喻用》篇曰:

> 善之制恶,必于恶之于未形而善可胜矣。及其恶至于
> 不可掩,而欲推善以救恶,其势可胜之乎?

又《善恶》篇曰:

> 有形之恶小,不形之恶大。有名之善次,无名之善至。
> 教者情非性,情可移而性不可变也。君子善善,必审其名
> 同。恶恶必辨其情异。

又《性情》篇云:

> 圣人之隆治也、仁以厚人性,而义以节人情。是所以阴
> 阳和而遂生物者也。礼教二十而冠,以其神盛,可以用思虑
> 也。三十而娶,以其气充,而可以胜配偶也。

凡此所言性情善恶礼教,义或未醇,要之皆粹然儒家言也。又卷
七有《品论》篇,曰:

> 唐史以房杜方萧曹。然房杜文雅有余,萧曹王佐不足。

又曰:

郭泰、黄宪,贤人也。讷言而敏行,颜子之徒乎。徐稚,哲人也,识时变而慎动静。袁奉高之遁世也,不忘孝,不伤和,中庸之士也。

契嵩以一僧人,而能衡量人物,注意到人品上,更见其学养之非凡。

又《治心》篇有曰:

心即理也,物感乃纷。不治则汨理而役物。理至也,心至也,气次焉。气乘心,心乘气,故心动而气以之趋。今淫者暴者失理而茫然不返者,不治心之过也。

此既言心即理,而犹重言治心,所言较无陆王偏主之病。

又卷八《文说》有曰:

章表民始至自京师,谓京师士人高欧阳永叔之文,翕然皆慕而为之。潜子曰:欧阳氏之文,言文耳。天下治,在乎人文之兴。人文资言文发挥,而言文藉人文为其根本。欧阳氏之文,大率在仁信礼义之本,诸子当慕永叔之根本可也。

此言文学,亦洞见根本之谈。

又卷八《西山移文》有口:

　　康定初，朝廷求儒于草泽，自然子引去不顾，故文以谕之，曰：与其道在于山林，曷若道在于天下。与其乐与猿猱麋鹿，曷若乐与君臣父子。

契嵩以一僧人而劝人出仕，更为难得。

　　上引诸条，皆粹然儒者言，不染佛门山林气。窥一斑，可以觇全豹。佛亦人文中一事耳。自晚唐以迄五代，人文隳坏，佛道亦将不存。契嵩七岁出家，十三落发，十九游方，然其时，儒生多交方外，佛寺中亦多藏外典，故契嵩得此成就。即举《镡津》一集，亦可征人心世道之变，学术思想之转向。读者可由之以觇世运。至于儒释是非，则犹非本篇所专欲斤斤计量也。

　　此稿刊载于一九七七年三月二十一—二十四日《中华日报》副刊，同年六月《书目季刊》十一卷一期转载。

濂溪百源横渠之理学

第二期宋学,以周邵张程为主,而濂溪百源横渠三家,又与二程微不同。前者如佛学之空有二宗,后者如佛学之台贤禅三家。前者偏于宇宙本体之探讨,后者偏于人文工夫之修证。前者偏向外,更重在性与理。后者偏向内,更重在心与情。此下分篇述其大要。

濂溪著作量不多,惟《太极图说》与《易通书》两种。《太极图说》实即《易通书》之一部分。是濂溪讲学专本于《易》,此仍是初期宋学风气。兹先论其《太极图》与《说》。

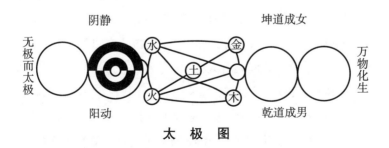

太 极 图

太极图说

无极而太极。太极动而生阳，动极而静，静而生阴。静极复动，一动一静，互为其根。分阴分阳，两仪立焉。阳动阴静，而生水火木金土。五气互布，四时行焉。五行一阴阳也，阴阳一太极也，太极本无极也。五行之生也，各一其性。无极之真，二五之精，妙合而凝。乾道成男，坤道成女。二气交感，化生万物。万物生生，而变化无穷焉。惟人也，得其秀而最灵。形既生矣，神发知矣，五性感动而善恶分，万事出矣。圣人定之以中正仁义，而主静。（自注云："无欲故静。"）立人极焉。故圣人与天地合其德，日月合其明，鬼神合其吉凶。君子修之吉，小人悖之凶。故曰：立天之道，曰阴与阳。立地之道，曰柔与刚。立人之道，曰仁与义。又曰：原始反终，故知死生之说。大哉易也，斯其至矣。

刘原父王荆公已论无极太极，濂溪与刘王同时，不知濂溪论太极，果与刘王孰先。然太极本义，则当如刘原父说，太极乃气之先，一种无物之物也。《易·系辞传》："易有太极"，郑注："极中之道，淳和未分之说也。"此太极亦可称太始。许氏《说文》："惟初太始，道立于一，造分天地，化成万物。"亦可称太初。《白虎通·天地》篇："始起先有太初，后有太始。形兆既成，名曰太素。混沌相连，视之不见，听之不闻，然后剖判。清浊既分，精出曜布，齐物施生。精者为三光，号者为五行。五行生情性，情性生汁中，汁中生神明，神明生道德，道德生文章。故乾凿度曰：太初者气之始，太始者形之始，太素者，质之始也。"此皆汉人之说。其本则出于道家。古人论天地创始，大率如是。所以极又训中，因最先一气未分阴阳。《左传》刘康公曰："民受天之中以生。"老子曰："万物负阴而抱阳。冲气以为和。"冲即中也。阴阳未分为中，既分而仍不分，以其仍是一体，故为和。此一团和气，却时时变化不测，造成大用，是谓庸。中庸本与《易》通，皆儒道杂糅之产品。濂溪《太极图说》，大意仍不出此。试问天地万物何自始，则实无自始。第一因无因可觅，故曰无极而太极。天地万物开端第一因，即可谓是无因，此之谓自然。万物只是一气，此气只是一动，天地万物始终只此一动，亦永远是此一动，故《易》曰天行健。健即天行，乃永远不息之一动也。中国人看宇宙，与西方不同。西方人注重物质方面，故有唯心唯物之争，中国人不问其最后之质料，而仅着眼其整体之变化，此整体之变化，则无始无终，只一动而已。然一落思维，乃至形于语言文字，则永远偏而不全。太极乃绝对之一，必成为无可说，亦无可思，则只有分成两面说之。既分两面说之，则说此便遗彼。有动复有静，正如有前必有后，并非物有动静前后，前后只是一体，动静只是一变。但一经人之心维口说，即不能不分成两面。若永认此世界是一绝对，是一浑全圆整之体，则将不可思议，不可言说。思议言说了，便偏著到半边去。既说一动，便牵连有一静，究竟是动了静，抑静了动，此如问先有前抑先有后。当知此本同时并在。故太极只是一动，同时亦即是一静，故说动静互为其根，却不能死杀说谁是谁的根。天下一切动，又可分五种态势，即五行。水下行，火上行，木外行，向外舒张，金内行，向里紧凑，土平行，平铺安住。五行亦各有阴阳，由此化成万物。濂溪《太极图说》大意只如此。此本秦汉人旧说，并非濂溪新创。但尚有一问题，所谓因果先后，只人类思维言说中事，天地自然界本无所谓因果先后。今必以人类言思来剖穷天地，于是有天地万物生于有，有生于无，无极而太极一番理论，此为庄老道家虚无思想之归宿。因道家言思与默观并用，故庄周《齐物》，并论道与言，《老子》书开端，亦兼辨道与名。既不离名言，遂于太极之上安放一无极，濂溪《太极图》实有道家宗趣，故曰无极之真，二五之精，妙合而凝。二五属有，无极则无，故此无极，如刘原父所谓无物之物者，乃成为宇宙最先之本体，此后朱子说理先气，即由此。但理究不能说是无，理先于气，较之自无生有更妥惬，此为朱子发挥濂溪《太极图说》之圆通精明处。但若专从先秦儒如《易》《庸》二书之见解则不然。因此二书，乃舍弃名言思辨，专就默观，直入天地实际境界，故谓天地万物只是一动，不再于动上寻前因。故《易》说天行健，又说《易》有太极，更不再须言无极也。又若由此向下穿凿，分成五行，又分配为仁义礼智信五德五性，则是阴阳学家之画蛇添足，在《易》书里亦无此枝节。濂溪《太极图说》，乃把先秦儒道阴阳三派融合，而始完成其自创的宇宙论。若果以《易·系辞》相绳，实不能说两书之吻合也。

再说《太极图》之下一半，此乃濂溪之人生论。宇宙既是动静互为其根，而濂溪却专说主静立人极，此又与《易传》异。《易》主动，故曰"天行健，君子以自强不息"。濂溪转主静，究竟不脱道家味，故在本体论上定要说无极而太极，在人生论上定要说主静立人极。濂溪自注，无欲之谓静，此乃只就人事言。若言天行,则动亦本非是欲。整个天体只是一动,则整个天理亦只是一动,则濂溪此处下语,实仍有病。惟人道若一依自然,如庄老所言,终将无人道可立。故人道虽本自然,而终必异于自然,如《中庸》之言"与天地参"。故在天地太极以外,濂溪必另立一人极,而此人极,又不外于天地之太极,又不即是天地之太极。此乃宋学精神所以异于庄老之一主自然也。

在人生方面,濂溪乃主性情分别论者。故曰:惟人得其秀而最灵,指人性言,又说形既生矣,神发知矣,五性感动而善恶生,则是由性生情,所以性善而情不尽善,性属先天,所谓人生而静以上不可说也,情属后天,此乃人生落到形气,性与外物交接后事。此种说法,复与孔孟有异,只是汉儒以下及韩昌黎一派之理论有此。濂溪承之,此下张程乃至南宋晦庵一派皆如此,即象山阳明大体亦跳不出此范围。人唯本于天,亦不能外于天而自存,然既已为人,则亦终不能不有所自立。故太极之外又有人极,此正宋儒之积极精神所在,虽受老释影响,但终不为老释所囿,虽若有异于先秦,然终亦与先秦儒同源共本,此则不可不微辨也。

濂溪《通书》大意,与《太极图说》无殊。惟《通书》多用《中庸》,与《太极图说》之多据《易传》者为小异。《通书》中最主要者乃一诚字。谓:

> 诚者圣人之本。圣,诚而已矣。

又说:

> 诚无为，几善恶。寂然不动者，诚也，感而遂通者，神
> 也。动而未形有无之间者，几也。

《中庸》言诚，乃指整个宇宙不息不已之一动而言。而《通书》语气，则似另有一诚的本体在动之前，寂然不动以待感。惟其如此，故须主静立人极。则是把天地人生分成先后两截，先天一截是本体，后天一截是现象，是作用。人生最大功夫，则要把后天一截工夫逆挽到先天本体上去。这一说法，已把道家自然，以及释氏出世太重本体的观念冲淡而融和了。

濂溪又云：

> 圣可学乎？曰：可。曰：有要乎？曰：有，一为要。一
> 者，无欲也。无欲则静虚动直，静虚则明，明则通。动直则
> 公，公则溥。明通公溥，庶矣乎！

此处以静虚动直两个境界说无欲。但静虚动直显有先后，正如下文明通公溥亦有先后，而以静虚为前一截，动直为后一截，静虚是人生修养工夫，动直则是天地自然现象。此等处，皆是以人生修养逆挽到自然本体上去的显然例证。故说诚无为，又说君子慎动，皆是此意。

《通书》凡四十章，其最末一章说蒙艮二卦有曰：

> 山下出泉，静而清也。汩则乱，乱不决也。艮其背，背
> 非见也。静则止，止非为也。为不止矣。

依然要静要清，要不汩，要止，要不见不为，明白言之，则是要不陷落在人生实际中以求保全其天地之体之本原。此是濂溪思想之大体段。但濂溪又云：

志伊尹之所志，学颜子之所学。

此处濂溪并举伊尹颜子，尤见濂溪思想确承初宋精神。范仲淹以天下为己任，先天下之忧而忧，后天下之乐而乐，此即志伊尹之志也。胡安定以颜子所好何学论试太学诸生，此即学颜子之学也。孟子曰禹稷颜回同道，而孔子之评颜子，则曰：用之则行，舍之则藏，惟我与尔有是夫。则颜子伊尹虽可相提并论，即绾合心性事功而为一，本为宋初精神，然自荆公熙宁变法，继范文正庆历变法失败以来，学者更看重舍之则藏之修养工夫，第二期宋学仍要从第一期宋学之重视人事方面者推扩而到更深微之心性方面去。遂以成其为第二期宋学之特征，固非从人事积极方面消极后退，乃是从心性本体最先源头上厚植基础。故荆公为第一期宋学之殿军，而濂溪则成为第二期宋学之创始也。

康节与濂溪同治《易》，而两人意态颇不同。濂溪主张立人极，确然儒学矩矱，康节观物，近于庄周道家。故后人群尊濂溪为理学开山，而康节则摈不预乎濂洛之列，亦依此意态判之也。或谓康节《皇极经世》只是京焦末流，则诋诉逾伦，不足为康节病。康节学术精神，殊不在此。大抵康节是一豪杰人，其象数之学得诸方外，其操行持守，亦有超然世外之致。然康节于象数外实别有见地，其得力在能观物，此　派学问，在中国颇少出色人

物。前有庄周,后有康节,再无第三人可相比拟。康节乃是撇脱
了人的地位来观物者。有《观物》内外篇。有云:

> 道为天地之本,天地为万物之本。以天地观万物,则万
> 物为物。以道观天地,则天地亦为万物。道之道尽于天,天
> 地之道尽于物,天地万物之道尽于人。人能知天地万物之
> 道所以尽于人者,然后能尽民也。

此言尽民,犹孟子言尽性,《中庸》言尽人性,皆是不违自然之人
本位主义。是康节乃以道家途径而走向儒家之终极目标者。此
复与朱子之格物穷理有何差别。故后儒亦以朱子为最能欣赏康
节也。康节又曰:

> 人之所以灵于万物者,谓其目能收万物之色,耳能收万
> 物之声,鼻能收万物之气,口能收万物之味。声色气味者,
> 万物之体也。耳目鼻口者,万物之用也。体用交而人体之
> 道备。然则人亦物也,圣亦人也。有一物之物,有十物百物
> 之物,有千万亿兆物之物。生一物之物当兆物之物者,岂非
> 人乎? 是知人也者物之至,圣也者人之至。人之至者,谓其
> 能以一心观万心,一身观万身,一世观万世。能以心代天
> 意,口代天言,手代天工,身代天事。能上识天时,下尽地
> 理,中尽物情,通照人事。能以弥纶天地,出入造化,进退古
> 今,表里人物。

此可谓是康节的新人本位论,其言最近《中庸》。盖康节之新人本位论,非离人于物言之,乃合人于物而言之。即就物的范畴中论人,即于物的范畴中发见人之地位和其意义与价值。人之与物,本皆偏而不全。人的地位之高,在其能由偏而全,使万物之全体即在人之一偏中呈现。如何能使全体在一偏中呈现,其要即在观。康节又谓:

> 夫所谓观万物者,非目观之,观之以心也。非观之以心,观之以理也。圣人所以能一万物之情者,谓其能反观也。反观者,不以我观物,以物观物之谓也。既能以物观物,又安有我于其间哉。

此谓以物观物,谓之反观,反观与反省略有辨。反省者,以我观我之谓,反观则以物观物之谓。人亦一物,而为一能观之物。惟康节之所谓观,并不主以人之本位观,而主以人返于物而观,故谓之反观也。康节又曰:

> 以物观物,性也。以我观物,情也。性公而明,情暗而偏。

以我观物乃主观,以物观物乃是客观。实则不啻是以天观物也。故康节谓以物观物是性,以我观物是情也。常言天性人情,是性情之辨,即天人之辨也。康节又谓:

> 以我徇物，则我亦物也。以物徇我，则物亦我也。我物皆致意，由是天地亦万物也，万物亦我也，我亦万物也。何物不我，何我不物，如是可以宰天地，可以司鬼神。

故康节之观物，乃是一种客观，而非人本位观。乃以我融入物中，我亦一物，而物亦一我。乃由偏合全而成其天。人何以能由偏合全，何以能使全体在一偏中呈现，正为其能超出一偏之地位而为总体之客观。康节主性情分别论，亦主以理观物论。此与朱子之格物穷理，似乎本末倒置，惟朱子亦主莫不因其已知之理而益穷之，则朱子仍是以理观物也。庄子则可谓是以道观物，此康节之所以不失为理学家矩矱也。康节又说：

> 性非体不成，体非性不生。阳以阴为体，阴以阳为性。动者性也，静者体也。

此处康节以性体对立，而性体实合为一物，非于体外有性，而即于体中见性。人性之所以异于物性者，亦仅其体之异于物而已。康节此处言动者性静者体，实与濂溪言主静主人极亦相同。盖通天地万物，实同是静为体而动为性也。

康节又说：

> 气则养性，性则乘气，故气存则性存，性动则气动也。

此处又以性气对立，以动为性，而谓性随气体而见，又曰性乘气，性动则气动。则似以性为主,气因性动。则因气仅是阴是体,性始是阳是动也。此处颇近朱子之理气论。朱子所谓理,似属空静而非实能主动者。然程朱又言性即理,性能动,则似理亦能动,惟其动而主于一,故以谓之静耳。《易》只言阴阳,康节又把阴阳分体性,此是康节之新见解。康节之所以与古人异者,因古人无此体的观念,乃自王弼以后始有之。自有此体的新观念,于是一切言思,亦遂不得不与古人有异。而理学家则自相一致,亦可于此觇之。

康节又云:

> 天地之本,其起于中乎? 人居天地之中,心居人之中。心为太极。

此乃康节新人本位论中之唯心论,彼谓心乃宇宙之中心,亦即是宇宙之起点,故心为太极。濂溪言主静立人极而无欲为静,无欲亦主心言。后人仅以《先天图》与《太极图》相提并论,又多阐濂溪,少研康节,只以康节限于象数之学,此实此下学术思想史一缺憾。

康节又说:

> 先天学,心法也,图皆从中起,万事生于心。(《先天卦位图说》)

又曰:

> 心一而不分，可以应万变。

可见康节之先天学与其唯心论，仍是人本位者。彼乃站在其新人本位之客观主义，而同时建立其唯心论。谓只有人之心知，始可达到超偏合全之境界，而回复到天地自然，惟其自然中已涵有人之理想，故谓万事生于心，然并不谓宇宙万物之最后质料为心。此乃中国哲学与西方分途处。

康节又云：

> 先天之学，心也。后天之学，迹也。出入有无生死者，道也。

彼所谓心，乃与迹对，不与物对。彼所谓道，乃兼包心迹先后天而言，故亦不沦于虚无。故彼虽为一唯心论者，而不害其为一客观主义者。彼乃一客观的唯心论者。所谓客观的唯心论，因其能以心迹相融，把心的范围放宽了，把人的地位提高了，把主观与客观的界线也冲破了。偏与全之间也凝合了。彼之思想路径，亦有些近似唐代之华严宗。华严本可与庄子相通，庄子与康节乃中国观物派哲学之两大宗，康节或可由研穷庄周而连带接受华严影响。而朱子于佛书中亦颇喜引华严。此可谓宋代理学中一特殊方向，惟后人震于康节之数学，在其观物论方面，并无嫡系传人，则可惜也。

上述濂溪，百源皆治《易》，横渠亦治《易》，而横渠之性格与濂溪百源皆异。若以濂溪百源为较近颜渊庄周，则横渠似与荀况墨翟更似。横渠坚强卓绝，尚礼胜于尚仁。思理缜密，精于辨析，在其《正蒙》中剖辨道释与儒家异同，对当时儒学复兴有大贡献，亦正如荀子有《正论》篇《非十二子》篇等。但横渠最大著作，则为《西铭》。今先录其全文：

> 乾称父，坤称母，予兹藐焉，乃浑然中处。故天地之塞吾其体，天地之帅吾其性，民吾同胞，物吾与也。大君者，吾父母宗子，其大臣，宗子之家相也。尊高年，所以长其长，慈孤弱，所以幼其幼。圣其合德，贤其秀也。凡天下之疲癃残疾，茕独鳏寡，皆吾兄弟之颠连而无告者也。于时保之，子之翼也，乐且不忧，纯乎孝者也。违曰悖德，害仁曰贼，济恶者不才，其践形，惟肖者也。知化则善述其事，穷神则善继其志。不愧屋漏为无忝，存心养性为匪懈。恶旨酒，崇伯子之顾养。育英才，颍封人之锡类。不弛劳而底豫，舜其功也。无所逃而待烹，申生其恭也。体其受而归全者，参乎。勇于从而顺令者，伯奇也。富贵福泽，将厚吾之生也。贫贱忧戚，庸玉汝于成也。存吾顺事，没吾宁也。

此文与濂溪《太极图说》，同为宋儒有数大文章。程门专以《西铭》《大学》开示学者，却不提濂溪《太极图》。然《西铭》大理论，只说万物一体，其实此论并非儒家言。孟子只说老吾老以及人之老，幼吾幼以及人之幼，善推此心，可以保四海。是孟子只主张一种人类同心情之推扩，并未说天地万物本属一体。若说是一体，亦只可从人类心上说起。其真从外面说起，确实指其为万物一体者，则为濂溪《太极图说》与百源之《观物》篇，其论近道家，故为二程所不喜，横渠《正蒙》亦多从外面说，故二程亦多不赞成处。《西铭》则从万物一体之结论下来阐说人生政教大原与心性修养，特与先秦儒陈义更相近，乃特受二程之赞赏。先秦由外面阐说万物一体者，为庄周与惠施。庄周由直观宇宙大化而言万物一体，惠施由分析名言异同而归结到万物一体。庄周由外物实体言，惠施由人心思辨言，两家极不同，而其由理智来证成万物一体则一。孔孟则专就人类仁孝之心，即人类同心情方面言来建立人伦，却不透过此而说万物一体。因万物一体已属宇宙论范围，而孔孟则偏重人生论。只就人文本位，不肯透进一层来讲宇宙。但道家名家则要透过此平面，深入到里一层。后来佛学更然。初期宋学就六经论人事，亦尚多平面话，到第二期便耐不得，多不免要透进一层说到宇宙。百源亦有先天学来讲人生以前之宇宙。故两人言思，后人多疑其近道家。孙夏峰说：《西铭》就既有天地说起，《太极图说》就未有天地说起，分析《太极图说》与《西铭》异同极扼要。因此二程极推《西铭》，其实《西铭》中所说，也多非古代儒家所有。如云天地之塞吾其体，此犹佛家之法身。天地之帅吾其性，此犹佛家之法性。上引康节亦以体与性分说宇宙，可见此等分法已成时代意见。佛学流传中国将近千年，此等思想，亦已深入人心，宋儒虽存心辟佛，但不知不觉间也多用了佛义。其实此问题颇费周张。万物一体，试问究该由内心证成，还是由外物研穷，在佛家自有他一套理论，在宋儒却不得不另寻说法。明道《识仁篇》云：

仁者浑然与物同体,《西铭》备言此体,以此意存之,更有何事?

此乃主由内心存证。仁者始是浑然与物同体,其余则不能。而《西铭》径言天地之塞吾其体,是不仁之人亦复与物同体也。稍后伊川,于明道诚敬存之之说以外,又补上致知一义,又以格物为致知工夫,直到晦庵,在此方面推演尽致,便转到由外面万物来研穷此理,故朱子同时兼尊濂溪康节,此显见朱子与二程意见有不同处。二陆则稍近明道,这里便兆出朱陆争端。此乃宋学中一大问题,今且置此不论,来看横渠自己意思。大体上彼之所谓万物一体,亦是由外研穷,其理论全在《正蒙》。而伊川《答横渠书》云:

> 以大概气象言之,则有苦心极力之象,而无宽裕温和之气,非明睿所照,而考索至此,故意屡偏而言多窒,小出入时有之。更望完养思虑,涵泳义理,他日当自条畅。

又《告杨龟山》云:

> 横渠立言诚有过者,乃在《正蒙》,若《西铭》扩前圣所未发,与孟子同功。

明道亦云:

　　《西铭》，横渠文之粹者，充其尽，圣人也。然言有两端，有有德之言，有造道之言。有德之言，说自己事，如圣人言圣人事也。造道之言，则智足以知此，如贤人说圣人事也。

此见二程皆主由内心直证，不喜向外推寻。而谓横渠只是后一路，尤其《正蒙》，是推索所至，非涵养所达，故不能相契也。

《正蒙》大体仍本于《易》。《正蒙》云：

　　太虚无形，气之本体。其聚其散，变化之客形尔。至静无感，性之渊源。有识有知，物交之客感尔。客感客形，与无感无形，惟尽性者一之。

此仍是体性分言，大致与康节同。惟《易系》只云“一阴一阳之谓道”，阴阳只是一气，并没有在气之外另立一太虚之体。又说："继之者善，成之者性。"继与成亦即指此一阴一阳言，并没有说在此一阴一阳之前另有一无感之源。《易系》虽羼进了道家言，然仍是代表中国古代的儒家思想，是平面的一元论，横渠则似透进一层，变成为双层的二元论了。亦可说是双层的一元，古人体与性不分言，而宋人则分言之，此正见横渠之亦受佛家影响处。但横渠本意在根据儒说辟佛老，论其大体，横渠亦确是一儒家，非佛老。但横渠必增入气与太虚之辨，太虚是体，气是象，其实亦还是一偏与大全之辨。气属一偏，太虚则为大全。以大全整体言，若无感无形。惟无感并非寂灭，无形并非虚空。此乃横渠立言宗旨。故《正蒙》又云：

> 知虚空即气，则有无隐显神化性命，通一无二。若谓虚
> 能生气，则虚无穷，气有限，体用殊绝，入老氏有生于无自然
> 之论，不识所谓有无混一之常。若谓万象为太虚中所见之
> 物，则物与虚不相资，形自形，性自性，形性天人不相待，而
> 有陷于浮屠以山河大地为见病之说。

此处横渠排击佛老，不主张虚能生气，又不主张气在虚中见，可
见他所谓虚空与气之辨，只是一偏与大全之辨。其实又走上了
惠施名言之辨的路上去了。但横渠立言，终似不免偏重了大全，
偏轻了一偏。此在名家，惠施与公孙龙亦有此辨。今若就《易
系》言，则只是一气聚散，更无所谓主客与体用。要说主客与体
用，便不免偏轻偏重，即道家说有生于无，实亦是对名言之遮诠，
而非实际之表诠。老庄思想亦尚是平面一元的，直到佛书传入，
始有双层二元的想像。横渠虽辟佛，实深受佛书影响，谓太虚为
气之体，无感为性之源。又分主客体用，则到底会使人偏倾于大
全方面而看轻了一偏，其实一偏更不该看轻，没有一偏，更无法
合得上大全，二程说的理一分殊，此义极堪昧。天与人，亦即是
理一分殊也。横渠又说：

> 形而后有气质之性，善反之则天地之性存焉，故气质之
> 性，君子有弗性者焉。

此处若仔细分说,气质之性属一偏,天地之性则是大全。但大全之性无感无形,到底使人难把握。二程对此与横渠有略相似的见解,故朱子说:

> 气质之说,起于张、程,极有功于圣门,有补于后学,前此未曾说到。故张程之说立,则诸子之说泯矣。

其实张、程此番理论,亦可谓只成了变相的荀子。即就横渠意,太虚即气,似可不必再分辨天地与气质。今以天地之性为太虚本体,气质之性为聚散客形,则天地之性正略如王介甫所谓未发之性,气质之性略如王介甫所谓已发之情,早已显分两截。即康节之所谓先后天,太虚即先天,气则属后天,要之是同有此一想法,只是人人言之不同而已。惟横渠不言发,而言感,必以无感为性源,谓即天地之性,以知识为物交后之客感,谓即气质之性,则孟子所谓恻隐羞恶辞让是非,何一非物交后之客感?何一非气质之性?除却气之外,何来一太虚?除却一切客感,更何来有一无感?横渠《正蒙》到底不脱一种上下双层前后两截的二元论,并非平面的一元论,所以二程要对他不满。而二程终亦不能与横渠全异其说。故知宋代理学中,到底羼有道家佛家之说,惟不得遽认理学即是佛老,而必认仍是儒家,此则不可不细辨也。

上述三人中,康节比较最豪放,他说:"所行之路不可不宽,宽则少碍。"他并不严肃讲修养工夫,濂溪横渠却注意讲个人修养,理学气更重,但二人亦有不同。周元公是一高洁人,黄鲁直赞他如光风霁月,其理想境界为无欲,如青莲之出污泥而不染。

横渠则是艰苦卓绝,他自说:

> 言有教,动有法,昼有为,宵有得,息有养,瞬有存。

可见他生活之谨严。整个生命,乃全在工夫上。他又说:

> 为天地立心,为生民立命,为往圣继绝学,为万世开
> 太平。

又可见他志愿之宏大。他亦要立人极,但不仅是无欲而已。窃尝欲为横渠此两节话题一名字,称之为六有四为之学。这是横渠内心外行绝大人格之表现。彼只是主张强力有为,所以有些处使他像荀子,有些处使他像墨子。这亦是他性格使然。朱子云:

> 横渠教人道,夜间自不应睡,只为无应接,他人皆睡了,己不得不睡。他著《正蒙》时,或夜里默坐彻晓,他直是恁地勇,方做得。

在先秦人物中,惟墨子荀子有些近似,与颜渊庄周,则似相距太远了。但此亦只就其行谊言,论其学术路向,思想渊源,则依然是孔孟。

兹再论《西铭》。孔孟论孝道,只就人对其生身父母之同情心而言。由此扩充,由修身而齐家治国平天下,皆出此心贯彻,

而成为一套极自然极平实的人生哲学。但横渠《西铭》，则不重言心情，而建本于其另一套的宇宙论，而重言理性。亦可谓孔孟由内达外，本于德而达于道。横渠由外转内，本于道而成其德。由横渠言之，一切人生行为，乃不啻是孝于宇宙，由其所以孝于宇宙者而孝其父母。但横渠所论之宇宙，却又只是太虚一气。宇宙生万物，究与父母生子女不同。故横渠主张为天地立心，为生民立命。此不仅与墨子言天志不同，亦与孔孟言天命不同。横渠之宇宙论，深入言之，无宁是更近于老释。惟老释归之虚无寂灭，横渠则归之万物一体，一虚一实，其终不失为一儒家者在此。

即在先秦，《易》《中庸》已受道家影响，不能如孔孟之专就人事人心立论，而要顾及外面之宇宙。及南北朝隋唐五代，经佛学长期浸染，宇宙论乃正式转踞人生论之上。惟唐末五代，人事坏乱已极，故初期宋学，又追寻儒家六经，以期人事之改善。至于重建儒家的新宇宙论，以排拒老释者，则已达宋学之第二期，而濂溪康节横渠三家之功为大。惟濂溪横渠皆兼重《易》《庸》，康节则似只重《易》，二程于此三家，皆不全同意，而康节尤受后人歧视，其分别即在此。待南宋朱晦翁起，始于二程外，又同尊此三家，而完成其一套完整的新宇宙论，取与二程之吃紧为人，一宗孔孟，注重向内，更偏性情实际修养者，融会和合，而宋学遂臻于大成。

象山讥晦翁为支离，即言其不能不向外寻索也。阳明继象山，皆同尊孟子，专一从人事人心立言，然宇宙万物，宁能摈弃于不论不议之列。阳明晚年思想改变，欲从致良知推扩到宇宙论方面去,于是有儒释道三教合一之说,其言鲁莽灭裂,终不能满人意。大抵宋明理学之先后演变,大体略如是。今专就濂溪康节横渠三人言,则三家有其大同处,二程对之同有所不满,晦翁始取与二程同一尊崇,则程朱间亦自有不同。治宋学者,当先揽其大体,然后再进而分别其细节。其由此而又更别有所演进,此则后人之事,亦非古人之所能限也。

此文刊于一九四六年五月《东方杂志》四十二卷十期

论《太极图》与《先天图》之传授

　　宋代学者率好治《易》，于《易》又率好治图象。濂溪《太极图》，康节《先天图》，尤其著也，二者并为朱子所盛推。于濂溪《太极图》，谓其"得千圣不传之秘，孔子后一人而已"。于康节《先天图》，则曰："程演周经，邵传牺画。"其尊信如此。故黄勉斋作《朱子行状》亦谓："《太极》《先天》二图，精微广博，不可涯涘。先生为之解剥条画，而后天地本源，圣贤蕴奥，不至于泯没"也。然此二图在学术上之价值，果如朱子所推尊否，在当时已多异议。明清以来，驳击图象之说益烈。遂谓濂溪《太极图》康节《先天图》皆源出方外，因谓宋儒即和尚道士之变相。其说至今，更为时流所信。余曾论宋学渊源，大本决非出于方外。而此《先天》《太极》二图，则有未可一概而论者。

　　康节《易》学受之李之才挺之，此明道明言。曰：尧夫欲传数学于某兄弟，某兄弟那得工夫？要学，须是二十年工夫。尧夫初学于李挺之，师礼甚严，虽在野店，饭必襕，坐必拜。欲学尧夫，亦必如此。挺之之学得之穆修伯长。程子亦言之。曰：

先生之学得之李挺之,挺之得之穆伯长。推其源流,远有端绪。今穆李之言及其行事概可见矣,而先生之纯一不杂,汪洋浩大,乃其所自得者多。

此可谓康节《易》学之定论。谓康节受《易》于穆李是也。谓康节之学即穆李之学则大不可。

穆修之学,或谓其源出希夷。《东都事略》谓:

华山陈抟读《易》,以数学授穆修,修授李之才,之才授邵雍。

其说盖据邵伯温《辨惑》。谓:

先君子《易》学微妙玄深,其传授本末,则受《易》于李之才挺之,挺之师穆修伯长,伯长师陈抟图南。先君之学虽有传授,而微妙变通则其所自得。

朱子亦言之。曰:

先天之学,康节得于李挺之,挺之得于穆伯长,伯长得于希夷。

又论先天图《答袁机仲》书有云:

> 此非熹之说，乃康节之说，非康节之说，乃希夷之说，非
> 希夷之说，乃孔子之说，但当日诸儒既失其传，而方外之流，
> 阴相付受，以为丹灶之术。至于希夷康节，乃反之于《易》。

是皆明谓邵氏先天《易》渊源希夷也。惟李挺之以天圣八年成
进士，时康节年二十。越二年，穆伯长以明道二年卒。则三人
《易》学传授事自可信。若陈图南远在宋初，年世不与穆伯长相
接，则谓伯长《易》学受之图南，似有未的。

晁以道《嵩山集》卷十六《传易堂记》，独谓：

> 有宋华山希夷先生陈抟图南，以《易》授终南征君种放
> 明逸，明逸授汶阳穆参军修伯长。而武功苏舜钦子美亦尝
> 从伯长学。伯长授青州李之才挺之。挺之授河南邵康节先
> 生雍尧夫。

种放卒于真宗大中祥符八年，年六十一。陈抟卒于太宗端拱二
年，是岁放年三十五。据《宋史》放传，真宗咸平四年，张齐贤上
言："放隐居三十年，不游城市十五年。"是时放居终南豹林谷之
东明峰，已四十七岁矣。盖抟卒已值放不游城市之际，而放之隐
居尚在抟之卒前。据张齐贤说，放始隐应在太祖开宝五六年间，
陈抟朝京师在太宗雍熙元年。时放虽隐，而史称其每来往嵩华
间。则当放之盛年，或可得抟之传。又考穆修成进士在大中祥
符二年，种放以是年四月归终南，明年正月复召赴阙，四年又来
朝，并从祠汾阴。则穆之得传于种，事亦可有。似诸家言穆修得

《易》学于陈抟者，乃略去种放言之。或由放在当时颇滋诽议，故谈者不欲称引。否则穆修《易》学得之陈抟，或出当时传说，后人觉其年世不符，故特资种放为弥缝。二者必居其一，今则无可详论耳。

《先天图》以外复有《河图》，亦谓传自希夷。朱震云：

> 《河图》刘牧传于范谔昌，谔昌传于许坚，坚传于李溉，溉传于种放，放传于希夷陈抟。

许坚，马令《南唐书》有传，称其："寓庐山白鹿洞，后或居茅山，或入九华。旧与樊若水善，若水北渡后，因转挽江南，遇坚于简寂观，勉以仕。坚辇蹩不答。尝至阳羡，人不之识。一日涉西津，凌波阔步，若平地然，众昉神之。"则坚乃南士，而面目近神仙中人。若谓乃希夷四传弟子，则年世太不侔，决不可信。《庐山旧志》，言许坚死于金陵。乃及宋景德中，陈靖游庐山，遇坚出谒，后人乃言坚在景德中当未死。其怪诞如此。李溉著有《卦气图》一篇，朱震谓其原于《易纬》类，是说《通卦验》，其他不可考。范谔昌建溪人，天禧中为毗陵从事。著有《证坠简》，晁以道谓：

> 其书酷类郭京《举正》，并颇为胡翼之程正叔所取。自谓其学出于溢浦李处约，庐山许坚。意者岂果有师承，故胡、程取之。

陈振孙言其书传授亦同晁氏，而曰：

世或言刘牧之学出于谔昌，而谔昌之学亦出种放，未知信否。晁以道、邵子、朱子发皆云尔。

刘牧字长民，衢州人。晁氏曰："仁宗时言数者皆宗之。"陈氏亦曰："牧之学盛行于庆历时。"核其时地，皆与范谔昌相接。则谓牧之《易》受之谔昌，事亦可有。又自谔昌上推溢浦李守约，殆即李溉。再自溉上推许坚，当值五代宋初。则刘牧《易》学乃宋初庐阜溢浦隐者之所传，与华山终南南北旷隔，渺不相涉。陈种穆李以及康节，皆北人也。朱震既误倒李许之前后，又妄附之于种陈。其说差错，甚不可信。至王偁《东都事略》益凿凿而言之，曰：

> 华山陈抟读《易》，以数学授穆修，修授李之才，之才授邵雍。又抟以象学授种放，放授许坚，坚授范谔昌。

一若陈抟身前截然有此象数两脉之传绪，毛西河所谓抟学两支一干，此皆虚妄不实之说，后儒屡辨刘牧陈抟龙图异同，盖不免多为此等传说所误耳。

朱震《进周易表》，又谓：

> 陈抟以《先天图》传种放，放传穆修，修传李之才，之才传邵雍。放以河图洛书传李溉，溉传许坚，坚传范谔昌，谔昌传刘牧。修以《太极图》传周敦颐，敦颐传程颢程颐。

其述河图洛书之传，差误已如上辨。其说《太极图》传授，亦颇难信。而胡宏序《易通》遵其说，曰：

> 或曰，周子传《太极图》于穆修，修传《先天图》于种放，放传于陈抟，此殆其学之一师，非其至也。

今考濂溪十五岁从母入京师，时为仁宗天圣九年。翌年，明道元年，穆修即卒。濂溪得见伯长从而受学与否，其事已不可证。惟程氏言《易》，实不原本濂溪。邵伯温《闻见前录》，记程子与谢湜书，言读《易》当先观王弼胡瑗王安石三家。《伊川易传》，曾无一语及太极。而于观卦辞云："予闻之胡翼之先生。"于大畜上九云："予闻之胡先生。"于夬九三云："安定胡公移其文。"于渐上九云："安定胡公以遂为陆。"则朱震谓濂溪以《太极图》传二程，殊无凭信。既可臆说其所授，亦可臆说其所受。故谓穆修一人分传《先天》《太极》两图，其说本诸朱震，亦如述刘牧河图之传，实同为齐东野人之说也。

濂溪《太极图》来源，又别有创为新说者。晁氏曰：

> 朱震言颐之学出于周敦颐，敦颐得之穆修，修亦本于陈抟。然考正叔之解不及象数，颇与胡翼之相类。景迂云：胡武平周茂叔同师润洲鹤林寺僧寿涯，其后武平传其学子于家，茂叔则授二程，与震之说不同。

晁氏又谓：

　　元公师事鹤林寺僧寿涯，得有物先天地，无形本寂寥，
能为万象主，不逐四时凋之偈。

今按游定夫记程子语，曾谓周茂叔穷禅客，知濂溪自有与方外相
亲事。然谓其著《太极图说》，必自寿涯得之，此仍无可考信。
《濂溪志》亦谓：

　　胡宿尝至润洲，与濂溪游，或谓与濂溪同师润洲鹤林寺
僧寿涯。或谓邵康节之父邂逅先生于庐山，从隐者老浮屠
游，遂同受《易》书。

度正周卿则谓此隐者即寿涯。然则寿涯究居庐阜，抑住北固，已
无确说。或竟谓寿涯即麻衣，则尚在陈抟前，岂得下接濂溪。世
俗好怪不实，即此可见。今姑以寿涯为鹤林寺僧论之，胡宿游润
洲，应在仁宗宝元元年。时胡年四十三，濂溪年四十六，一时同
往来者有许渤。时范仲淹知润洲，学人名士如胡翼之李泰伯辈
皆见罗致。濂溪武平亦已年尊学立，虽二人踪迹颇与方外往还，
然谓其在润乃相偕师事一僧，事恐不足信。大抵五代以来，南唐
独有盛世升平景象，又尊重浮屠。而庐山多隐士，与华岳终南，
南北竞秀。濂溪游处多在南疆，虽不能谓其《易》学绝无染涉听
受，然必谓其师事寿涯，又《太极图》即从寿涯得之，则亦晁景迁
之道听途说，未见其必可信也。
　　《性学指要》则谓：

元公初与东林总游，久之无所入。总教之静坐，月余，忽有得。以诗呈曰：书堂兀坐万机休，日暖风和草自幽，谁道二千年远事，而今只在眼睛头。总肯之，即与结青松社。

此又谓濂溪学于东林总，与谓胡武平与康节之父从庐山老浮屠游，同受《易》书，大略相似。方外之人，喜引名儒宿德以自重，而世俗好奇，亦爱听之，爱言之。如昌黎师大颠，纵果有之，亦不得谓昌黎晚年之学通于佛氏。濂溪在当时，名位不显，类于隐沦，又时亲方外，事无可疑。然考《五灯会元》，元丰二年，诏升东林为禅寺，南昌守王韶请常总主持，为东林第一代祖师。元祐四年锡号昭觉大师。濂溪去官定居庐阜，在熙宁五年，卒在熙宁六年，年五十七，时总尚在庐山黄龙寺。二人虽可过从，然濂溪辈世在先，时已学成书就。纵有习静献诗之事，亦与濂溪生平学术大本无关。傥亦如昌黎之与大颠，殆庶近之。又据年谱，英宗治平二年，濂溪年四十九，自虔赴永，道经江州，同宋复古于庐山大林寺，至山巅，有诗。是尚在定居庐阜前七年，仅系路过漫游，若谓其时已识常捴，更不宜有习静盈月之事。至其《太极图》，纵谓源自方外，则濂溪南学，太极渊源，至多不过如刘牧河图，皆应得之南中，或即如润洲寺僧寿涯之俦，更不必牵涉华山之陈抟。至《图说》则尤属元公自得，正犹如康节《易》学受自穆李，而其学非即穆李之学。纵谓濂溪师事寿涯，又岂得谓其学即寿涯之学哉。

朱子极尊濂溪《太极图》，后人不免有认为崇之逾其分者，于是毁者亦激而失实。昔日山僧野道，姑引濂溪以为重，明清以

来,则群援以为贬抑濂溪之借口。自今论之,其说亦多未允。如黄百家《宋元学案》引黄宗炎晦木之辨,即其例也。晦木之言曰:

> 周子《太极图》创自河上公,乃方士修炼之术。河上公本图为《无极图》,魏伯阳得之以著《参同契》,钟离权得之以授吕洞宾,洞宾后与陈图南同隐华山,而以授陈,陈刻之华山石壁。陈又得《先天图》于麻衣道者,皆以授种放,放以授穆修,与僧寿涯。修以《先天图》授李挺之,挺之以授邵天叟,天叟以授之尧夫。修以《无极图》授周子,周子又得先天地之偈于寿涯。其图自下而上,周子得此图而颠倒其序,更易其名,附于大《易》。

凡此所谓,一若濂溪《太极图》盗窃方外之真赃实据,皆已检举无遗,而不知晦木之说,其实更不足信。

炼丹之说盛于唐,魏伯阳《参同契》亦遂风行。五代末,孟蜀彭晓始为之注释。朱子谓:

> 《先天图》传自希夷,希夷又自有所得。盖方士技术用以修炼,《参同契》所言是也。

此谓希夷亦治《参同契》,非谓《参同契》只传于希夷。今濂溪太极第二图阴静阳动,或谓其有资于《参同契》之水火匡廓图,此或可信。然《参同契》在当时非难见书,濂溪尝判合州,宜可得

彭氏之注本。又濂溪有《读英真君丹诀》诗,(《题鄷都观》三首之一)
其诗曰:

> 始观丹诀信希夷,尽得阴阳造化机,子在母生能致主,
> 精神合后更知微。

是濂溪在蜀留心此道,亦有明证。然要之不必谓濂溪必得此于
陈抟之传授。抑更有疑者,朱子注《参同契》,并无水火匡廓三
五至精二图,而世传彭本有之。朱子虽尊信康节之《先天图》,
然并不讳言其源自希夷,故曰:

> 邵子得于希夷,希夷源流自《参同契》。

又疑濂溪之学与陈抟有涉。其守南康,校刊《通书·太极图》,谓:

> 读张忠定公语,而知所论希夷、种、穆之传,亦有未尽其
> 曲折者。张忠定尝从希夷学,而其论公事之有阴阳,颇与
> 《图说》意合。窃疑是说之传,固有端绪,至于先生然后得
> 之于心,而天地万物之理,巨细幽明,高下精粗,无所不贯,
> 于是始为此图以发其秘耳。

是朱子未尝故意讳言濂溪与希夷之传统,特欲求其证验而不得。
若彭本《参同契》原有水火匡廓三五至精两图,朱子何竟删去,
默不置辞。岂别有所私厚于濂溪,而独为掩灭之耶?然则后世

所传彭本《参同契》水火匡廓三五至精图，其果为彭氏原有与否，事已可疑。若晦木之说，谓《参同契》原本河上公，更为荒唐难信。又谓陈抟刻《太极图》于华山石壁，亦不知其说所本。纵今华山石壁有此刻，自宋迄明，亦既五六百年，安知不有方外好事者模刻此图，以攀附于图南，而故神其事。至谓陈抟得《先天图》于麻衣道者，又并以《先天》《太极》两图授种放穆修，则更无据。又谓寿涯亦于种放受《先天》《太极》之图，益出虚造。果寿涯与穆修同得《先天》《太极》之传，何以《先天图》单传康节，《太极图》单传濂溪？又濂溪之受《太极图》，果受之穆修，抑受之寿涯乎？若受之穆修，则尚在志学之年。若受之寿涯，则已过不惑之岁。二说可以俱虚，不能皆是。今晦木合并配搭，自造一说。谓穆修寿涯同受之种放，濂溪先得穆修之图，又得寿涯之偈，一若亲睹而亲证之，何其怪耶？故谓周子《太极图》阴静阳动，原本《参同契》之水火匡廓，已属可疑，而犹之可也。若谓周子《太极图》全套即依河上公魏伯阳钟离权吕洞宾陈抟种放诸人，历千余载一脉相传，为养生之秘诀。而周子特颠倒以为说，则只见其为无据之臆想耳。稍后胡渭胐明著《易图明辨》，于刘牧《龙图》邵子《先天》，辨之详且备矣，独于《参同契》三五至精图则曰：

> 此图与宋绍兴甲寅朱震在经筵所进周子《太极图》正同，或曰陈抟传牧修，牧修传周子，或曰周子所自作，而道家窃之以入藏，疑不能明，存而弗论。

立说之慎，较之晦木，逊乎远矣。晦木谓濂溪盗方外养生秘诀颠倒以成《太极图说》，晦木去濂溪亦已六百年，安知非有方外好事者，颠倒濂溪《太极图》以言养生，晦木闻其绪余，乃复颠倒说之，而转疑濂溪原本养生诀说太极，此为以颠倒为不颠倒，以不颠倒为颠倒。玄黄回惑，固孰为真颠倒者耶？《老子》五千言，如谷神不死之类，养生家援为宝训，岂得谓老聃转自窃之养生家，此皆事理之易明者。晦木又谓人物未生，五行之性如何而辨，不知周子意则谓于五气中化生人与万物也。晦木又谓天之生男女万物，在一气中无分先后，不知周子意乾道成男坤道成女，事指得其秀而最灵之人类言，所谓妙言合凝者是也。至二气交感化生万物，则化生而非妙合，故二者必分言之，而人类之妙合又必较万物之化生先言之。非谓先生人，后生万物也。今不细认作者原意，而专快己辨以为断，宁有当乎。

黄晦木以外，复有毛奇龄大可作《太极图说遗议》，谓：

> 道藏有《上方大洞真元妙品经》，有先天太极合一之图，陈抟先窃之，其图适与绍兴间朱震所进图合。

先天太极本属两事，康节先天之学源于陈抟，濂溪《太极图》则别有来历，具如上辨。今乃谓"赵宋以前已有窃《参同契》为《太极先天图》者。陈抟又从而转窃之，然且分图为二，一曰先天，一曰太极"。是窃前又有窃，希夷康节濂溪诸人，何专务偷袭乃尔。道藏本作伪之渊薮，毛氏不疑《真元品》之伪撰，而宁愿归狱于希夷濂溪之攘窃，亦只见其困缚于一时之风气，而弗能自拔耳。至李恕谷《上颜先生书》，乃谓宋儒学术之误，实始周子，周子尝与僧寿涯道士陈抟往来，则尤荒唐可以无讥焉矣。

又按：濂溪年三十在南安，程珦假倅焉，因与为友，令二子明道伊川游其门，濂溪教以寻孔颜乐处所乐何事。是濂溪在当时，已的然正学之归矣。纵《易通书》与《太极图说》其时尚未成，然为学之宗旨方向已定，纵此下亦时亲方外，如寿涯，如常揔，如在合州得《读英真君丹诀》诗，是所谓转益多师是吾师，孔子之于郯子，于师襄，皆其例也。若必谓濂溪之学，悉出方外，则其三十之年，明道伊川从游，明道亲述其事，宜无不信，是又何从而得之耶？

夫学术思想，公器也。其流行天壤间，如大气之供人自由呼吸。断不能绝无所承，亦不能绝无所化。自禅宗有传心之说，有衣钵之争，一时学者，竞言传统。康节濂溪皆好《易》学，显受当时风气影响。一立《先天图》，一创《太极图》，亦一时风气所趋耳。康节之学，原本穆修无可疑。至上推希夷，已嫌渺茫。濂溪更无渊源可寻。二人皆以上智之才，岂不能稍有创建，而必待方外之秘传？道统之说，源本禅宗。韩愈谓尧以是传之舜，舜以是传之禹汤文武周公孔子，孔子传之孟子，孟子之死而不得其传。其说固可招后人之讥议，与其谓周公传之孔子，孔子传之孟子，何不谓孟子学之孔子，孔子学之周公之更为妥惬。今必谓有宋理学某也源于和尚，某也源于道士，以求污辱其所谓道统之尊严，此亦风气激荡，一彼一此，势有必至。若即据此等以尚论古人学术源流之真相，则楚虽失之，齐亦未得。故为再列陈说而稍稍分辨焉。

此文刊于一九四二年四月成都《学思杂志》一卷七期

《正蒙》大义发微

周张二程，为北宋理学四大儒。然二程论学旨趣，已不尽同。其于濂溪，虽少尝从游，然终身不甚推挹。于其《太极图说》，更无一言道及。而盛推横渠《西铭》，顾又不许其《正蒙》。曰："横渠立言，诚有过者，乃在《正蒙》。"朱子一尊二程，又确然以濂溪为二程所自出。谓濂溪《太极图说》，传自二程。其于横渠，则尊《西铭》，疑《正蒙》，皆本二程之意。后世言宋学，承袭晦翁，几于奉为定论。惟明末王船山，独宗横渠，特为《正蒙注》，颇辨程张之异。顾又以《正蒙》比傅于濂溪之《太极图》，此在朱子固已剖辨，谓："《正蒙》说道体处，止是说气，说聚散，其流乃是个大轮回，须是周子说无极而太极最好。"船山乃谓《正蒙》《太极》，陈义相同，是仍未脱晦翁樊篱，故牵附《太极图》为说，于《正蒙》独特处，不仅不能为之洗发，又转益歧之。今《正蒙》精义既隐，而空推其《西铭》，《西铭》立言宗旨，原本《正蒙》，拨其根而撷其实，又岂为能真知《西铭》者。窃谓欲究周张二程论学大体，当各就其所见，分别而观，庶可以得各家之真相。

本篇于《正蒙》隐旨,稍加抉发。不仅横渠一家面目从此显露,即濂溪二程晦翁之异同,亦可藉以推见。治斯学者,倘能继续寻绎,则此篇开其途辙,决非小有裨补而已也。

太和所谓道,中涵浮沉升降动静相感之性,是生细缊相荡胜负屈伸之始。

高忠宪曰:太和,阴阳会合冲和之气也。《易》曰:"一阴一阳之谓道。"张子本《易》以明器即是道,故指太和以名道。盖理之与气,一而二,二而一者也。理无形而难窥,气有象而可见,假有象者而无形者可默识矣。浮沉升降动静者,阴阳二气自然相感之理,是其体也。细缊交密之状,二气摩荡,胜负屈伸,如日月寒暑之往来,是其用也。

按:高注此条最缔当。其曰张子本《易》以明器即是道,即后来船山之主张。

朱子曰:此以太和状道体,与发而中节之和无异。

按:太和乃一气冲和阴阳未分之际,岂可与发而中节之和相拟,朱子盖承程子意而误说。

王船山曰:《太和》篇首明道之所自出,物之所自生,性之所自受,而作圣之功,下学之事,必达于此而后不为异端所惑。盖即《太极图说》之旨,而发其所函之蕴也。

按:濂溪《太极图说》,用意在说明天地万物所由始,故曰无极而太极。此即寿涯之倡所谓,有物先天地,无形本寂寥,能为万象主,不逐四时凋也。刘原父谓太极乃为气之先,一种无物之物,此说太极义最的。若必求天地万物何由始,则必涉于渺茫之域。老庄谓天地万物生于有,有生于无,无极而太极,即此意。朱子谓理生气,即本濂溪而微变之者。横渠屏除此问题不论,即气之一阴一阳者便是道,更不问此气何自始,何自来,惟高忠宪一注,独得其神理。船山此条,谓明"道所自出,物所自生,即《太极图说》之旨",可谓失之毫厘,谬以千里矣。船山论学,颇得横渠奥旨,而此意实误,不容不辨。

船山又曰:太和,和之至也。道者,天地人物之通理,即所谓太极也。阴阳异撰,而其絪缊于太虚之中,合同而不相悖害,浑沦无间,和之至矣。未有形器之先,本无不和。既有形器之后,其和不失,故曰太和。

按:船山以理字太极字释道,皆不恰当,皆非横渠本旨。谓阴阳絪缊于太虚之中,亦有语病,辨详后。

太虚无形,气之本体。其聚其散,变化之客形尔。至静无感,性之渊源。有识有知,物交之客感尔。客感客形,与无感无形,惟尽性者一之。

朱子曰:客感客形,与无感无形,未免分截作两段事,圣人不如此说,只说形而上形而下而已。

按:横渠又云:"气之为物,散入无形,适得吾体。"此即以太虚无形为气之本体也。盖说气犹落在有形一边,故横渠补出气之散而为太虚一层。太虚只是无形,而非无。横渠又曰:"气不能不聚而为万物,万物不能不散而为太虚,循是出入,是皆不得已而然也。"是则气聚为万物，气散为太虚，太虚之与万物，不过一气之聚散，并非一气与万物聚散于太虚之中也。何以横渠必补出太虚一语？盖苟不立太虚之体，则庄生所谓万物以不同形相禅，一气聚散，各自为物，不相关顾，即近于佛氏之轮回，即不免有生死存亡。今为特立太虚之体，则聚为万物，散归太虚，既不如"语寂灭者往而不返，又不如徇生执有者之物而不化"。盖横渠用意，正为破轮回。朱子乃谓"《正蒙》说道体处，如太和太虚虚空云者，止是说气，说聚散处，其流乃是个大轮回"，此断非横渠原义，实不如高忠宪以体用为释(见前引注文)之妙得作者旨趣也。明夫此，则朱子批评此条谓分截作两段事者，亦非矣。

《二程遗书》：或问太虚，曰亦无太虚。遂指虚，曰皆是理，安得谓之虚，天下无实于理者。

今按：依横渠意，当曰太虚皆是气，天下无实于气者。二程可谓理一元论，横渠则气一元论也。横渠于万象纷错之后面，建一太虚以为之体，二程则只就万象纷错中究寻一相通之理，不于万象后面再立本体，此程张两家之异。至朱子兼重理气，则为理气和合之一元论，是一即现象即本体之一元论也。

聚亦吾体，散亦吾体，知死之不亡者，可与言性矣。

船山曰：朱子以横渠言既聚而散，散而复聚，讥其为大轮回，而愚以为朱子之说，反近于释氏灭尽之言。车薪之火，一烈已尽，而为焰为烟为烬，木者仍归木，水者仍归水，土者仍归土，特希微而人不见尔。一甑之炊，湿热之气，蓬蓬勃勃，必有所归。若盒盖严密，则郁而不散。乘见火则飞，不知何往，而究归于地。有形者且然，况其细缊不可象者乎？故曰往来、曰屈伸、曰聚散、曰幽明，而不曰生灭。生灭者，释氏之陋说也。

按：船山此辨，颇得近代科学家物质不灭之精义。然自最近有原子能之发见，则质不可见，而能犹存在。质相当于横渠之气，但能则不相当于横渠之虚。横渠以太虚为气之体，近代科学分析原子，最后净存一种能力，似非虚义。横渠谓聚亦吾体，散亦吾体，死而不亡，知此可与言性，性即一种能也。横渠归气于虚，近代归质于能，虚字似不如能字更惬，要自与老释有无先后之辨则不同。

知虚空即气，则有无隐显神化性命，通一无二。若谓虚能生气，则虚无穷，气有限，体用殊绝，入老氏有生于无自然之论，不识所谓有无混一之常。若谓万象为太虚中所见之物，则物与虚不相资，形自形，性自性，形性天人不相待，而有陷于浮屠以山河大地为见病之说。此道不明，正由怠者略知体虚空为性，不知本天道为用，反以人见之小因缘天地，明有不尽，则诬世界乾坤为幻化，幽明不能举其要，遂躐等妄意而然。遂使儒佛老庄，混然一途。

王船山曰：误解《太极图》者，谓太极本未有阴阳，因动而始生阳，静而始生阴。不知动静所生之阴阳，为寒暑润燥男女之情。质乃固有之蕴，其细缊充满在动静之先。动静者，即此阴阳之动静，动则阴变于阳，静则阳凝于阴，非动而后有阳，静而后有阴，本无二气，由动静而生，如老氏之说也。

按：横渠此条，辟老辟佛，自标己旨，最为明白。濂溪《太极图说》大意，实本于老氏。故必曰无极而太极。若求天地最先第一因，必陷于无因可得，此正横渠所讥以人见之小，因缘天地，彼见世事常若因果相续，因据以推天地，必谓天地万物有其前因。西方宗教，则谓天地万物由上帝所造。老庄则谓天地万物实无前因，忽然而有，故曰自然。此即濂溪无极而太极之本义也。象山与晦庵辨《太极图》，坚谓无极一语本诸老氏，此实有据。今船山因晦翁盛尊《太极图》，遂曲相弥缝，以《正蒙》《太极》混成一说，而于无极二字避而不论，可见其破绽矣。《太极图说》明曰太极动而生阳，动极复静，静而生阴，船山必曰非动而后有阳，静而后有阴，此明破《太极图说》，而谓之是《太极图说》，可乎？且如船山语，阴阳二气，早在动静之先，可以称太极，又何以称无极乎？岂无极中早已有阴阳二气乎？今所以必加明辨者，非以驳濂溪，乃以辨《正蒙》与《太极图说》之不同。至于两说孰是孰非，则更当别论。

《朱子语类》：问横渠云太虚即气，太虚何所指？曰他亦指理，但说得不分晓。曰：太和如何？曰亦指气。曰：他又云由昧者指虚空为性，而不本天道，如何？曰既曰道，则不是无，释氏便直指空了。大要横渠当初说出此道理多误。

按：横渠明云太虚即气，乃朱子偏云太虚指理，自以己见说横渠，则自见横渠为说得不清楚矣，惟释氏直指空了固不是。而横渠必指曰虚，究竟虚与空所辨何在，终嫌用字不当。

又问：横渠云太虚即气，乃是指理为虚，似非形而下。曰：纵指理为虚，亦如何夹气作一处。

按：横渠明说太虚即气，朱门偏要说成太虚即理，乃反驳横渠又夹气作一处。学者必从此等处觑破，始能分辨得古人学术真相。

气聚则离明得施，而有形。气不聚则离明不得施，而无形。方其聚也，安得不谓之客？方其散也，安得遽谓之无？故圣人仰观俯察，但云知幽明之故，不云知有无之故。

王船山曰：聚而明得施，人遂谓之有。散而明不可施，人遂谓之无。不知聚者暂聚，客也，非必为常存之主。散者返于虚也，非无固有之实。人以见不见而言之，是以滞尔。

按：此条船山解极明析。《正蒙》但论幽明，不论有无，幽明属知识论，有无属本体论。人所不见，只可谓之幽，不可谓之无。太虚即幽也，《正蒙》从未推论到天地未生之前，是《正蒙》独特处。孙夏峰谓《西铭》就既有天地说起，《太极图说》就未有天地说起，此说极是。《正蒙》全书皆是就既有天地说起也。

气之聚散于太虚，犹冰凝释于水。知太虚即气，则无无。故圣人语性与天道之极，尽于参伍之神，变易而已。诸子浅妄，有有无之分，非穷理之学也。

王船山曰：人之所见太虚者，气也，非虚也。虚涵气，气充虚，无有所谓无者。

按：虚涵气，气充虚六字，疑非《正蒙》原义，与阴阳纲缊于太虚之中同一语病。

太虚为清，清则无碍，无碍故神。反清为浊，浊则碍，碍则形。

程子曰：一气相涵，周而无余，谓气外有神，神外有气，是两之也。清者为神，浊者何独非神乎？

按：太虚即气，则清而无碍者亦气也，何尝谓气外有神，神外有气，而两之？《正蒙》原意，气有清浊之分，故有神形之别，是神与形皆气也。程子则谓善与恶皆理，清与浊皆神，双方立意各不同。后人以程纠张，遂两失之。

《朱子语类》：明道说气外无神，神外无气，谓清者为神，则浊者非神乎，后来亦有人与横渠说，横渠却云清者可以该浊，虚者可以该实，却不知形而上者还他是理，形而下者还他是气，既说是虚，便是与实对了，既说是清，便是与浊对了。

按：横渠之意，谓清可以该浊，虚可以该实者，其实乃总可以该别，全体可以该部分也，此义通观《正蒙》前后文自知。若定把字面说之，谓虚与实对，清与浊对，则濂溪无极之无，岂不与有对，朱子不彼之非，而必此之辨，何也？然亦《正蒙》用此虚字有以致此。

又问太虚之说，本是说无极，却是说得无字。曰：无极是该贯虚实清浊而言,无极字落在中间,太虚字落在一边了。

按:《正蒙》与《太极图说》本不同,船山谓太虚是太极,误也。朱门指太虚为无极,亦误。朱子谓虚实落在一边,无极该贯虚实,落在中间,盖无极只指无此极,无是一形容辞,不如言虚,则与实对,落在一边。

又问:横渠有清虚一大之说,又要兼清浊虚实,曰:渠初云清虚一大,为伊川诘难,乃云清兼浊,虚兼实,一兼二,大兼小,渠本要说形而上,反成形而下。

按:伊川晦翁理气分说,故指理为形而上,气为形而下。横渠则形上形下只是一气,故晦翁认为只是形而下。

或问:横渠先生清虚一大之说,如何?曰:他是拣那大底说话来该摄那小底,却不知道才是恁说,便偏了,便是形而下者,不是形而上者,须是兼清浊虚实一二小大来看,方见得形而上者行乎其间。

按:此即理兼善恶,神兼清浊之说也。故朱子又云:"有此理则清浊虚实皆在其中。"然如此也会使人误会成理气对立。《正蒙》只主唯气一元,但因用了太虚字,故另生争辨。所谓形而下也。因此见立意用字之难。然不用太虚字,又恐人误会为唯物,即朱子若疑其有病,则应在此。

又横渠言清虚一大为道体,是于形器中拣出好底来说耳,《遗书》中明道尝辨之。

按:明道云:"子厚以清虚一大名天道,是以器言,非形而上者。"又云:"横渠立清虚一大为万物之源,恐未安。须兼清浊虚实,乃可言神。道体物而不遗,不应有方所。"此皆朱子所本。

横渠正欲指出器即是道,形上从形下见,非由形上产出形下。故余名之曰气一元。

王船山曰:其在于人,太虚者,心涵神也。浊而碍者,耳目口体之各成其形也。碍而不能相通,故嗜欲止于其所便利,而人己不相为谋。官骸不相易,而目不取声,耳不取色。物我不相知,则利其所利,私其所私。聪明不相及,则执其所见,疑其所囿。圣人知气之聚散无恒,而神通于一,故存神以尽性,复健顺之本体,同于太虚,知周万物,而仁覆天下矣。

按:船山此条,颇可与《正蒙》本义相发明。心与耳目口体之别,亦全体与部分之别也。

由太虚有天之名,由气化有道之名,合虚与气有性之名,合性与知觉有心之名。

朱子曰:本只是一个太虚,渐细分得密尔。且太虚便是四者之总体,而不离乎四者而言。由气化有道之名,气化是阴阳造化,寒暑昼夜,雨露霜雪,山川木石,金水火土,皆是。只此便是太虚,但杂却气化说。虽杂气化说,而实不离乎太虚,未说到人物各具当然之理处。合虚与气有性之名,有这气,道理便随在里面,无此气,则道理无安顿处。如水中月,须是有此水,方映得月。心之知觉,只是那气之虚灵底,聪明视听,作为运用,皆是。有这知觉,方运用得这道理。所以张子说:"人能弘道,是心能尽性,非道宏人,是性不知检其心。"邵子说:"心者,性之郭郭。"此等语皆秦汉以下人道不到。

按：朱子此条，初看似颇合横渠本意，细味仍是朱子自己意见。他说合虚与气有性之名，有这气，道理便随在里面，无此气，则道理无安顿处，是仍认太虚为理，由气而见。横渠本意，则谓太虚即气，并非谓太虚安顿在气里也。然则横渠何以又谓合虚与气乎？盖横渠之意，太虚是总体之名，气是个别之名，若仅有总体，不散为个别，则太虚无形，至静无感，便不见有所谓性。但若散为个别，而更无总体存在，则亦将无性可言。故必合虚与气，而始有性之名，此即前引"客感客形与无感无形惟尽性者能一之"之说也。

朱子曰：由气化有道之名，如所谓率性之谓道是也。然使明道形容此理，必不如此说。

按：由气化有道之名，乃一阴一阳之谓道，非率性之谓道也。朱子心中自存性即理，理生气，太虚即指理等观念，故说如此。

　　两不立则一不可见，一不可见则两之用息。两体者，虚实也，动静也，聚散也，清浊也，其究一而已。

高忠宪曰：本一气而已，而有消长，故有阴阳。有阴阳，而后有虚实动静聚散清浊之别也。

按：高注此条，本一气而已，语最透截。非言阴阳，则无以见一气。非言太虚与气，亦无以见一气。《正蒙》必立太虚与气之两者，其意亦在使人更见一气之真耳。故曰两体者，虚实也，动静也，聚散也，清浊也。清虚静散四字，皆属太虚一边，惟横渠之意,则谓清虚静散可以该浊实动聚而已。

　　感而后有通,不有两,则无一。故圣人以刚柔立本,乾坤毁则无以见易。(以上《太和》篇)

王船山曰:藉令本无阴阳两体虚实清浊之实,则无所容其感通,而谓未感之先初无太和,亦可矣。今既两体各立,则溯其所从来,太和之有一实,显矣。非有一,则无两也。

按:王注此条,论太和有一实,极是。太虚即太和也,乌得谓太虚非有一实? 此即高忠宪所谓本一气而已也。

　　一物两体,气也。一故神。两在故不测。两故化。推行于一。此天之所以参也。(《参两》篇)

朱子曰:此语极精。一故神,只是这一物周行乎事物之间,如阴阳屈伸往来上下,以至于行乎十百千万之中,无非这一个物事,所以谓两在故不测。两故化,凡天下之事,一不能化,惟两而后能化。且如一阴一阳,始能化生万物,虽是两,要之亦推行乎此一耳。

按:横渠谓一物而两体,并非谓别有一物周行乎事物之间也。朱子谓这一个事物者,乃指理言,若横渠则明明谓一物两体只是气。

朱子曰:一是一个道理,却有两端,用处不同。譬如阴阳,阴中有阳,阳中有阴,阳极生阴,阴极生阳,所以神化无穷。

按:横渠原义,一是一个气,气一物而两体。惟其是一物,故神。惟其是两体,故化。若一是一个理,理与气已分,非一物。若是一物,则仍是一个气。

高忠宪曰:一物两体,即太极两仪也。太极,理也,而曰气者,气以载理,理不离气也。气唯一物,故无在无不在,而神是两者,以一而神妙也。气惟两体,故一阴一阳,而化是一者,以两而变化也。

按:高注此条,以太极释一物,乃指《易经》之太极言,不指濂溪《太极图说》言,较为无病。又云太极理也,似仍未脱净朱子牢笼。然下文紧接而曰气者而解释之,终为扣紧横渠《正蒙》原旨,故不为病。

天体物而不遗,犹仁体事无不在也。(《天道》篇)

朱子曰:体物犹言为物之体也。盖物物有个天理,凡言体,便是做他那骨子,本是言物,以天为体。

按:天即太虚,上文由太虚有天之名是也。物物都以天为体,却非以天理为体。横渠只言万物一体,不言万物一理。

神天德,化天道。德其体,道其用。一于气而已。

高忠宪曰:不外乎阴阳,故曰一于气而已。

按:《易》云:"非至德,至道不凝焉。"道必凝于德,与老庄先道而后德者意义不同。濂溪《太极图说》,则先道而后德也。

神无方，易无体，大且一而已尔。

高忠宪曰：既大且一，故无方所，无形体之可求也。

按：此大且一者，即神也，亦即太虚也，故曰清虚一大。高注极是。岂如程子所云，清虚一大，便落方所，为形而下乎？

气有阴阳，推行有渐为化，合一不测为神。《中庸》曰：至诚为能化，孟子曰：大而化之，皆以其德合阴阳，与天地同流而无不通也。世人取释氏销碍入空，学者舍恶趋善以为化，此直可以为始学遣累者，薄乎云尔，岂天道神化所可同日语哉。

朱子曰：神化二字，虽程子说得亦不甚分明，惟是横渠推出来。

王船山曰：释氏以真空为如来藏，谓太虚之中本无一物，而气从幻起，以成诸恶，为障碍真如之根本，故斥七识乾健之性，六识坤顺之性，为流转染污之害源。

按：横渠盖以天地为一气充周，此即神也。万物乃一气转变，此即化也。神化尽在一气，自与释氏真空之见不同，亦与老庄由无生有自然之论有辨。

神化者，天之良能，非人能。故大而位天德，然后能穷神知化。

按：天者全体之称，人则个别之辞。人求穷神知化，必先由个别中解放，以期达到天德全体之境而后可，此与释氏销碍入空近似而有辨，亦非老庄游心于无之说。细味《正蒙》前后文，可得其趣。即所谓德合阴阳，与天地同流而无不通也。

无我而后大，大成性而后圣，圣位天德不可致知谓神。故神也者，圣而不可知。

按：位天德，即无我也。性必合虚与气而成，故大而后能成性也。

徇物丧心，人化物而灭天理者乎？存神过化，忘物累而顺性命者乎？

高忠宪曰：徇物欲即灭天理，忘物累即顺性命，间不容发。
按：徇物谓拘于个别，而忘其全体也。存神则存其大全，以范围乎个别而不失矣。

无我然后得正己之尽，存神然后妙应物之感。范围天地之化而不过，过则溺于空，沦于静，既不能存夫神，又不能知夫化矣。（以上《神化》篇）

按：范围天地之化而过者，如释之言真空，老之言守静是也。无我则合一不测矣，存神则忘物顺性矣。此皆合虚与气，融小我入大一之旨。

天人异用,不足以言诚。天人异知,不足以尽明。所谓诚明者,性与天道不见乎小大之别也。

王船山曰:《中庸》曰,天命之谓性,为人言,而物在其中。又曰,率性之谓道,则专乎人,而不兼乎物矣。物不可谓无性,而不可谓有道。道者,人物之辨,所谓人之所以异于禽兽也。故孟子曰:人无有不善,专乎人而言之。善而后谓之道。泛言性,则犬之性牛之性,其不相类久矣。尽物之性者,尽物之理而已。虎狼噬人以饲其子,而谓尽父子之道,亦率虎狼之性为得其道而可哉?禽兽,无道者也,草木,无性者也,张子推本神化,统动植于人而谓万物之一源。切指人性,而谓尽性者不以天能为能。同归殊涂,两尽其义,其视程子以率性之道为人物之偕焉者,得失自晓然易见。

又曰:性虽在人而小,道虽在天而大,以人知天,体天于人,则天在我而无小大之别矣。

按:合虚与气,即天人合一也。此惟人能之,而物不能。物者,气而已,不复合虚,此横渠之所以异夫老庄也。船山本此辨张程之异,极是有见。

性者,万物之一源,非有我之得私也。惟大人为能尽其道,是故立必俱立,知必周知,爱必兼爱,成不独成。彼自蔽塞而不知顺吾理者,则亦未如之何矣。

朱子曰:所谓性者,人物之所同得,非惟己有是,人亦有是,非惟人有是,物亦有是。

王船山曰:此章统万物于一源,溯其始而言之,固合人物而言,而曰立曰成,则专乎人之辞尔。

按:船山此条,较朱子为允惬。朱子专本性即理言。船山据率性之为道言,两者自有区别也。

　　天能为性,人谋为能,大人尽性,不以天能为能,而以人谋为能,故曰天地设位,圣人成能。

王船山曰:尽心为尽性之实功。天地有其理,诚也。圣人尽其心,诚之者也。

按:船山此条,以《孟子》尽心为尽性实功说之,亦是。朱子注《孟子》,却倒说了,谓尽性而后能知心。此是程朱与横渠见解不同处。

　　尽性然后知生无所得,则死无所丧。

高忠宪曰:生死者,形也。性岂有生死哉?

按:此乃横渠言性异孔孟处。

　　未尝无之谓体,体之谓性。

《朱子语类》:问横渠说天性在人,犹水性之在冰,凝释虽异,其理一也。又言未尝无之为体,体之谓性。先生皆以其言为近释氏，冰水之喻，有还元反本之病，云近释氏则可。未尝无之谓体，体之谓性，盖谓性之为体本虚，而理未尝不实，若与释氏不同。曰他意不是如此，亦谓死而不亡耳。

按：横渠谓性死而不亡者，盖指性合太虚与气而成，言其太虚之体，则未尝亡也。然横渠此义，实近释氏。朱子辨之甚是。盖横渠论性，固与程朱异，亦与孔孟不同。船山之辨，亦彰其一而昧其一也。

性通乎气之外，命行乎气之内，气无内外，假有形而言尔。

王船山曰：人各有形，形以内为吾气之区宇。形以外，吾之气不至焉，故可立内外之名。性命乎神，天地万物，函之于虚灵而皆备。然则命者私也，性者公也，性本无蔽，而命之戕性，惟不知其通极乎性也。

按：《中庸》曰：天命之谓性，而船山谓命之戕性，盖谓由偏害全也。然横渠此等处，本与孔孟不同，孔孟未尝言性通乎气之外也。

天性在人，正犹水性之在冰，凝释虽异，为物一也。受光有小大昏明，其照纳不二也。

《朱子语类》：问水冰之说，何谓近释氏？曰水性在冰，只是冻凝成个冰，有其造化。及其释，则这冰复归于水，便有迹了，与天性在人自不同。曰：程子器受日光之说便是否？

曰:是。除了器,日光便不见,却无形了。

按:此处见张程两家论性异点。若如器受日光之说,则光器终是二物,故朱子改说理气。横渠冰水之喻,冰水只是一实,故为唯气一元论也。

高忠宪曰:以水喻天,以冰喻人,以凝释喻生死,以受光喻气禀之不同,以照纳喻性之不二。

按:横渠言天性之于人,正犹太虚之与气。横渠极不愿言轮回,故于气外又言太虚。又极不愿言生死,故以冰水之喻说性。横渠本意,求欲超轮回而出死生,而其实受佛家影响甚大。孔孟言性,则如水之凉,火之热,水灭火熄,凉与热亦自不在。至于人生之不朽,则别自有在。其言仁,亦不从万物一体立说。此皆宋儒与先秦儒相异绝大节目。学者不仅当分别周张程朱,又当分别宋与先秦,各各分别而观,则自得各家之真相也。

性其总,合两也。命其受,有则也。不极总之要,则不至受之分。天所自不能已者谓命,不能无感者谓性。虽然,圣人犹不以所可忧而同其无忧者,有相之道存乎我也。

《朱子语类》:问横渠谓所不能无感者谓性,性只是理,安能感,恐此言只可名心否?曰横渠此言,虽未亲切,然亦有个模样。盖感固是心,然所以感者,亦是此心中有此理,方能感。理便是性,但将此句要来解性,便未端的。

又问:横渠言物所不能无感谓性,此语如何?曰:有此性,自是因物有感,见于君臣父子日用事物当然处,皆感也。所谓感而遂通是也。此句对了。天所不能自已谓命，盖此理自无息止时，昼夜寒暑，无一时停，故逝者如斯，而程子谓与道为体，这道理今古昼夜无须臾息，故曰不能已。

按：横渠言性，犹其言太虚，言天，故曰合两之总。迨其命于人，则由全至别，由总至分，犹太虚之为气矣。故既曰合虚与气而有性之名，又曰不极总之处，则不至受之分。盖欲尽我禀受之分，则必上穷天命之全也。迨夫性之既禀而有分，则彼我不能无相感。天地无忧，是至静无感，性之源也。圣人辅相天地而有忧，是物交之客感。必客感与无感相一，而后谓之尽性，即极总之要乃至受之分之意也。故又曰有无虚实通为一物者，性也。不能为一，非尽性也。又曰性通极于无，气其一物尔。朱子两条，皆牵搭理字为释，非横渠真义。

湛一，气之本。攻取，气之欲。口腹于饮食，鼻舌于臭味，皆攻取之性也。知德者，属厌而已。不以嗜欲累其心，不以小害大，末丧本焉尔。

朱子曰：湛一是未感物之时，湛然纯一，此是气之本。攻取如目之欲色，耳之欲声，便是气之欲。曰攻取是攻取那物否？曰是。

按：攻取即气质之性也，湛一则天地之性也。攻取亦所谓不能无感者耳，故曰属厌而已。口腹不能无饮食，鼻舌不能无臭味，惟此皆别于人人，不以此害其性之大全之源可也。

形而后有气质之性,善反之则天地之性存焉。故气质之性,君子有弗性者焉。

朱子曰:天地之性,则太极本然之妙,万殊之一本也。气质之性,则二气交运而生,一本而万殊也。

又曰:天地之性,是理也。才到有阴阳五行处,便有气质之性,于此便有昏明厚薄之殊。

又曰:论天地之性,则专指理而言。论气质之性,则以理与气杂而言之。

又曰:气质阴阳五行所为性,即太极之全体。但论气质之性,即此体堕在气质之中耳,非别有一性也。

按:天地之性,指其总全而言。气质之性,指其分别而言。总与分,并非二物,不如理与气。朱子谓此性堕在气质之中,非横渠意。当云天地之性分散而为气质之性,非天地之性堕在气质中也。

又曰:气质之说,起于张程,极有功于圣门,有补于后学,前人未经说到,故张程之说立,则诸子之说泯矣。

王船山曰:气质者,气成质而质还生气也。气成质,则气凝滞而局于形,取资于物以滋其质。质生气,则同异攻取,各从其类,故耳目口鼻之气,与声色臭味相取,亦自然而不可拂违。此有形而始然,非太和絪缊之气,健顺之常所固有也。旧说以气质之性为昏明强柔不齐之品,与程子之说合。

今按:张子以昏明强柔得气之偏者系之才,而不系之性,故下章详言之。而此言气质之性,盖孟子所谓耳目口鼻之于声色臭味者尔。盖性者生之理也。均是人也，则此与生俱有之理，未尝或异。故仁义礼知之理，下愚所不能灭，而声色臭味之欲，上智所不能废，俱可谓之为性，而或受于形而上，或受于形而下，初无二理。但形而上者，为形之所自生，则动以清，而事近乎天。形而后有者，资形起用，则静以浊，而事近乎地。形而上者，亘生死，通昼夜，而常伸，事近乎神。形而后有者，困于形，而固将竭，事近乎鬼。则一屈一伸之际，理与欲皆自然，而非由人为，故告子谓食色为性，亦不可谓为非性，而特不知有天命之良能尔。若夫才之不齐，则均是人而差等万殊，非合两而为天下所大总之性，性则统乎人而无异之谓。

按：船山此条，辨张程气质之性之不同，辨才性之异，剖析甚微，而实未全是。谓张程言性相异，是也。辨下章刚柔缓急谓非气质之性，则非也。横渠之意，天地之性乃其全，气质之性乃其偏，然舍偏亦无以见全。故曰合虚与气，有性之名。若谓性统乎人而无异，则气质自气质，性自性，船山亦仍有程朱理气之意梗于胸中，而不自知也。

人之刚柔缓急，有才与不才，气之偏也。天本参和不偏，养其气，反之本而不偏，则尽性而天矣。性未成则善恶混，故亹亹而继善者，斯为善矣。恶尽去，则善因以亡，故舍曰善而曰成之者性。

王船山曰：程子谓天命之性与气质之性为二，其所谓气质之性，才也，非性也。张子以耳目口体之必资物而安者为气质之性，合于孟子，而别刚柔缓急之殊质者为才。性之为性，乃独立而不为人所乱。盖命于天之谓性，成于人之谓才。静而无为之谓性，动而有为之谓才。性不易见，而才则著，是以言性者但言其才而性隐。张子辨性之功，大矣哉。

又曰：商臣之蜂目豺声，才也。象之傲而见舜则怋忶，性也。居移气，养移体，气体移则才化，性则不待移者也。

按：船山辨才性，其实乃程氏意耳，其语屡见于《遗书》。而船山都不有记，何也。其实才性之辨即犹理气之辨，此皆程朱论学大条目。孟子曰：非天之降才尔殊也。又曰：为不善，非才之罪。未尝异才于性也。横渠《理窟》有《气质》篇，又有《义理》篇，皆言变化气质。又《学大原》篇上，谓："气质犹人言性气，气有刚柔缓速清浊，质才也，惟其能克己，则为能变化却习俗之气性。制得习俗之气，所以养浩然之气。某旧多使气，后来殊减，更期一年，庶几无之。如太和中容万物，任其自然。"大抵横渠认气质之性落于偏，非太和中正，故须变化。若曰性不待移，横渠何又屡言成性乎？

德不胜气，性命于气。德胜其气，性命于德。

按：德，天德，正德也。气，形气，偏气也。德与气合始成性，若德不胜气，则性受命于气，落于一己小我之偏私，此即气质之性也。若德胜其气，则性受命于德，为太和大中至正之性，即天地之性也。

利者为神，滞者为物，是故风雷有象，不速于心，心御见闻，不弘于性。（以上《诚明》篇）

高忠宪曰：御，止也。为见闻所梏也。风雷犹有象，故不如心之速。心御见闻，故不如性之宏。然则人心无物，则不滞而神矣。

按：心御见闻，则易落于形质之偏，故横渠又言"凡物莫不有性，由通蔽开塞，所以有人物之别。由蔽有厚薄，故有智愚之别"。盖物为气质所蔽塞，不能由气反虚，不能合气于虚，故虽有性，亦不得谓之性矣。

大其心，则能体天下之物。物有未体，则心为有外。世人之心，止于闻见之狭。圣人尽性，不以见闻梏其心。其视天下，无一物非我。孟子谓尽心则知性，知天，以此。天大无外，故有外之心，不足以合天心。见闻之知，乃物交而知，非德性所知。德性所知，不萌于见闻。

朱子曰：体犹仁体事而无不在，言心理流行，脉络贯通，无有不到。苟一物有未体，则便有不到处，包括不尽，是心为有外。盖私意间隔，而物我对立，则虽至亲，且未必能无外矣。问体之义？曰此是置心在物中，究见其理，如格物致知之意，与体用之体不同。

按：朱子置心在物中，究见其理云云，乃程子意，非横渠意。横渠正言体用之体，犹《西铭》天地之塞我其体也。横渠以万物为一体,故视天下无一物非我。故须无我,此指小我言。须大其心,此指闻见之心言。必使此心无外,则位天德而合乎性矣。故曰合性与知觉,有心之名。见闻之心,有知觉而不能合性。依横渠之意,即不谓之心可也。

问:如何得不以见闻梏其心?曰张子此说,是说圣人尽性事。如今人理会学,须是有见闻,岂能舍此?先是于见闻上做工夫,到然后脱然贯通。盖寻常见闻一事,只知得一个道理,若到贯通,便都是一理。曾子是已。

按:朱子以格物穷理说横渠此条,乃言工夫非本体。明道云:"仁者浑然与物同体,识得此理,以诚敬存之而已,更有何事?"此却较近。格物穷理,仍是闻见之心,仍不是与物一体。须到豁然贯通时,始是真此心。故曰此心之全体大用无不达也。

王船山曰:大其心,非故扩之使游于荒远也。天下之物相感而可通者,吾心皆有其理,惟意欲蔽之,则小尔。由其法象,推其神化,达之于万物一源之本,则所以知明处当者,条理无不见矣。天下之物皆用也,吾心之理其体也。尽心以循之,则体立而用自无穷。

又曰:尽性者,极吾心虚灵不昧之良能,举而与天地万物所从出之理合,而知其大始,则天下之物与我同源,而待我以应而成。

按:横渠言万物一体,船山言万物同源。横渠言太和,船山言大始。船山谓万物同出一理,皆程朱义,非横渠义。故船山以太极说太虚也。

朱子曰:横渠此说固好,然只管如此说,相将便无规矩,无归著,入于邪遁之说,此心便瞥入虚空里去了。

按:横渠言心无外,言万物一体,实如朱子之评,此心瞥入虚空里去。惟因明道极推《西铭》,故朱子婉转言之。若伊川晦翁自己路脉,则与横渠此等处相隔甚远。

　　由象识心,徇象丧心,知象者心,存象之心,亦象而已,谓之心可乎?

按:存象之心,落于形气,不足以合性,故横渠不谓之心也。

　　耳目虽为性累,然合内外之德,知其为启之之要也。

王船山曰:累者,累之使御于见闻之小尔,非欲空之而后无累也。内者心之神,外者物之法象,法象非神不立,神非法象不显,多闻而择,多见而识,乃以启发其心思,而会归于一,又非徒恃存神而置格物穷理之学也。

按:内外指形气言。中人自据形气,以我为内,以物为外也。合内外之德,由耳目闻见启之,故曰合虚与气,合性与知觉,横渠并不并气与知觉而蔑弃之也。船山必牵搭朱子格物穷理为说,大非横渠原义。

　　释氏不知天命,而以心法起灭天地,以小缘大,以末缘本,其不能穷而谓之幻妄,所谓疑冰者与。

王船山曰：天命太和絪缊之气，屈伸而成万化，小谓耳目心知见闻觉知之限量，大者清虚一大之道体，末者散而之无疑于灭，聚而成有疑于相缘以起而本无生。盖太虚之中，无极而太极，充满两间，皆一实之府。缘小体视听之知，则但见声色俱泯之为无极，而不知无极之为太极也。

按：船山此条，牵搭无极太极，殊非横渠原义，故误以散而之无与聚而成有者同为末，而不知散即太虚，乃本也。凡此，横渠原文极明显，后人必牵搭周张程朱在一线上，故终是指说不分明耳。

　　释氏妄意天性，而不知范围天用，反以六根之微，因缘天地，明不能尽，则诬天地日月为幻妄，蔽其用于一身之小，溺其志于虚空之大，所以语大语小，流遁失中。其过于大也，尘芥六合。其蔽于小也，梦幻人世。谓之穷理，可乎？
（以上《大心》篇）

王船山曰：流俗之徇欲者，以见闻域其所知也。释氏之邪妄者，据见闻之所穷，而遂谓无也。致知之道，惟在远此二愚，大其心以体物体身而已。

按：大其心以体物，是矣。体身又何说乎？横渠万物一体之旨，船山似始终未领肯也。

　　以上撮录《正蒙》要旨，又条系程朱高王四家之评释，而较量其异同得失竟。今综合述之，则横渠乃主张唯气一元论者，其大体颇近老庄。惟老庄推论气之原始为无，横渠最所反对。又横渠乃主张万物总为一体论者，而庄子则谓万物以不同形相禅，又曰自其同者视之，则万物一体，自其异者视之，则肝胆楚越。故老庄实主拆散万物而归之无，横渠则主总合万物以同于一，此其异也。横渠立说，似全本《周易》。然《易》言阴阳，不言万物一体。万物一体之旨，在先秦时，最先宜出于墨家。墨翟上本天志，惠施辨析名类，今横渠则借用道家体统，而完成墨家之论旨。故其自言"爱必兼爱，立必俱立，知必周知，成不独成"。而《西铭》则曰"天地之塞吾其体，天地之帅吾其性"，显然为一种全体浑一之主张。惟其全体浑一，故曰"民吾同胞，物吾与也"，一视同仁，更无分别。杨龟山疑《西铭》近墨子，其流将遂至于兼爱，殊为有见。惟二程极推《西铭》，故伊川告龟山，谓："《正蒙》立言诚有过者，《西铭》推理以存义，扩前圣所未发，与孟子性善养气之论同功，岂墨氏之比？《西铭》明理一而分殊，墨氏则二本而无分。老幼及人，理一也。爱无差等，本二也。"伊川以理一说《西铭》，非横渠本旨。《西铭》立论本原在于《正蒙》，《西铭》亦《正蒙》中之一节，《正蒙》只言气一，不言理一也。气一则万物总为一体，从此流出，不得再有分殊。明道曾云："《订顽》一篇，意极完备，乃仁之体也。学者其体此意，令有诸己，其地位已高，到此地步，自别有见处，不可穷高极远，恐于道无补也。"盖二程只取《西铭》境界，以自附于其理一之见，若横渠《正蒙》气一之说，则正二程所谓穷高极远，于道无补也。若言分殊，《西铭》既曰民吾同胞，其间更不见有分。故曰："尊高年，所以长其长。慈孤弱，所以幼其幼。"则凡世之高年，皆我之长，皆当尊。

凡世之孤弱,皆我之幼,皆当慈。与孟子老吾老以及人之老幼吾幼以及人之幼自不同。孟子乃推此心以及四海,横渠则先立万物总为一体之大前提,何烦再推扩此心乎?故横渠只主大其心,以实体此总全之体,岂尝主张有差等之爱乎?尹和靖曰:"人本与天地一般大,只为人自小了,若能自处以天地之心为心,便与天地同体,《西铭》备载此意。"明道尝言:"天地之常,以其心普万物而无心。圣人之常,以其情顺万事而无情。"此处乃理一论者与气一论者之相合点,亦其相歧点也。故二程取《西铭》,议《正蒙》,以《西铭》尚有与二程合头处,《正蒙》则歧而远矣。后人欲考各家学术思想之本真,则断当以《正蒙》阐《西铭》,不当以二程意见阐《西铭》也。朱子谓"《西铭》要句句见理一而分殊",此成二程之《西铭》,非横渠之《西铭》矣。横渠性气,实有许多近似墨子处。学者若以老庄理论,墨翟精神,会合相通,以读横渠之《正蒙》,则必窃然有深解矣。横渠力辟老,而其言多取之老。又极辟佛,而其义亦多取之佛。如云"天地之塞吾其体",此即佛法身也。"天地之帅吾其性",此即佛性也。此非横渠有意窃取老佛为说,乃由其入之已深,故能辟之得其要窍,而不自知其染涉之已甚沦浃,而不可洗浣也。

此文刊于一九四七年十月《思想与时代》四十八期

二程学术述评

　　二程是第二期宋学中较后辈的中心人物。正统理学，直要到二程才完成。二程早年，曾从游于周濂溪，受到极大启发。但此后讲学，颇与濂溪有异处。邵康节是二程居洛阳时极亲熟的朋友，但两家学术路径不同。康节象数之学，二程颇不爱讲。横渠与二程有戚谊，二程思想亦极有受横渠影响处，但大体上对横渠，亦多未满。前期学者如荆公温公，皆曾与二程交游。二程居洛阳，乃当时人物荟萃之区，濡染取用，既富既博。兄弟切磋，一温粹，一严毅，相得益彰。伊川又享高年。二程于政治上皆未显达，然亦无隐士气。毕生宏扬教育，亦复注意政治问题，四方学者辐集，确然成为北宋理学之大成与正统。

　　若论宇宙本体万物原始，形而上学方面，二程似无积极贡献，大体思路，不出濂溪百源横渠三家之范围。二程卓绝处，在其讨论人生修养工夫。若以周邵张三家拟之佛教大乘空有二宗，则二程乃台贤禅诸家也。若以二程比之荆公，则荆公虽论性道而更重实际政事。二程鉴于熙宁新法之流弊，故论学一以性道为先,而政事置为后图,若非所急焉。

横渠问明道,定性未能不动,犹累于外物,何如? 明道因作书答之,所谓《定性书》是也。其言曰:

> 所谓定者,动亦定,静亦定。无将迎,无内外。苟以外物为外,牵己而从之,是以己性为有内外也。既以内外为二本,又乌可遽语定哉。夫天地之常,以其心普万物而无心。圣人之常,以其情顺万物而无情。故君子之学,莫若廓然而大公,物来而顺应。人之情,各有所蔽,大率患在于自私而用智。自私则不能以有为为应迹,用智则不能以明觉为自然。今以恶外物之心,而求照无物之地,是反鉴而索照也。与其非外而是内,不若内外之两忘。两忘,则澄然无事矣。圣人之喜,以物之当喜。圣人之怒,以物之当怒。是圣人之喜怒,不系于心而系于物也。是则圣人岂不应于物哉,乌得以从外者为非,而更求在内者为是也。夫人之情,易发而难制者惟怒,若能于怒时遽忘其怒,而观理之是非,亦可见外诱之不足恶,而于道亦思过半矣。

明道此书,作于早年在鄠县作簿时。伊川作《明道行状》,谓:"先生为学,自十五六岁时,闻周茂叔论道,遂厌科举之业,慨然有求道之志。又泛滥于诸家,出入于释老者几十年,返求之六经而后得之。"明道初成进士作簿鄠县,年二十六,则正所谓反求六经始自有得之时也。上蔡记明道语:"某学虽有所受,天理二字却是某拈出来。"朱子改云:"天理二字是某体贴出来。"今按:

《定性书》所云，大体即周茂叔主静立人极之义，其所描绘之心理境界，即濂溪所谓明通公溥也。而书中已言及理字。濂溪以无欲释静，无欲只是反面消极字，明道始以理字补出其正面，至是而天理人欲对立之局面渐以成立。大抵明道此书，亦颇采释老成说。其云：天地以其心普万物而无心，似即佛义。又云：圣人以其情顺万物而无情，圣人之喜怒，以物之当喜当怒，如是则此性澄然常定，此亦似佛氏涅槃境界矣。若中国古代儒家所谓性，乃指其有情感有动向者而言。如爱敬，如恻隐羞恶，此皆人之性，亦即人之情也。有此情，此心便有动向，岂可谓我爱以物之当爱，我羞恶以物之当羞恶，此皆物理，而无我之情感生命预其间乎。此后宋儒又嫌物理二字稍似偏外，故不常用，而喜用天理字，其实舍却物理，又何处寻天理。故穷理必由格物，如邵康节主客观的研究物理，本无不可，然不应偏倒一边，只认有物理，不认有人性，但明道实并不是此意。明道之意，只认我之喜怒哀乐，即系乎物之当喜当怒当哀当乐，此即合内外之道，亦即是性即理，即定性也。若在所当喜怒哀乐之外，又加进分数，是即情而流乎欲矣，此则明道之意也。

明道此后颇不常言静字无欲字，而时时言仁言敬。其意盖把仁字替代无欲，敬字替代静，其大旨见于其所为《识仁篇》。大略云：

> 学者须先识仁。仁者浑然与物同体，义礼智信皆仁也。识得此理，以诚敬存之而已。不须防检，不须穷索。若心懈则有防，心苟不懈，何防之有。理有未得，故须穷索，存久自

明,安待穷索。此道与物无对,须反身而诚,乃为大乐。《订顽》(即《西铭》)意思乃备言此体,以此意存之,更有何事。必有事焉而勿正,心勿忘而勿助长,未尝致纤毫之力,此其存之之道。以昔日习心未除,却须存习此心,久则可夺旧习。

此文似较《定性书》陈义更圆密周到。因明道此文乃实指心体言。心体不分物我,不分内外,只是物我内外浑然同体。如是则《定性书》所谓物之当喜当怒,不如径云理之当喜当怒。此理,内不属于我,外不属于物,乃物我相交时心体之自然。即此便是仁。仁即是心体,亦即是天理。换言之,心体便是仁,便是理。心体我之自有,故只须识之存之,此外别无工夫也。

明道他处又云:

学者识得仁体,实有之己,只当义理栽培。

仁体实有之己,即是义礼智信皆实有之己,即是喜怒哀乐皆实有之己,如此说下,便成心即理。则穷理只要存心,故《识仁篇》"必有事焉"而下皆言存心工夫。甚至失理者乃属习心,今则以存心夺此习心,别无余事也。

《识仁篇》以诚敬二字说存心工夫,其实诚敬是心体,便是心之原来体段,与正常状态,此处工夫本体合一非二,故工夫即已是自然,不烦用力。惟依字面看,诚字偏于体段方面者多,敬字偏于工夫方面者多。故程门言存心工夫,尤多用敬字。明道云:

> 某写字时甚敬，非是要字好，即此是学。

此处说敬字体段最明白。若写字时分心外驰，别有思存，此即不敬。但若有心要字好，此亦不是一心在写字上，依然是分心外驰，同样是不敬。写字时分心外驰，别有思存，此即孟子所谓忘。写字时有心要字好，此即孟子所谓助长。勿忘勿助长，即是敬的体段。其实不必远引孟子，禅宗永嘉大师言惺惺寂寂，正亦相似。写字时甚敬，便是惺惺。非是要字好，便是寂寂。永嘉说：惺惺为正，寂寂为助，所以后来程门谢上蔡言敬，亦只说常惺惺也。

明道又说："人心不得有所系。"又说："心要在腔子里。"此两语，可以补足上义。写字时甚敬，此心只在写字上，别无所系，便是心在腔子里。心在腔子里，正指其不外驰，不有所系也。明道又云：

> 敬须和乐，只是中心没事也。

朱子亦云："心中若无一事时便是敬。"此语又须活看。如写字时一心在写字上，便已是中心没事，却不是忘了写字而云心中没事。犹之云心在腔子里，并不是教人放弃外面一切事，而单单照顾那腔子里的心。但此等话却常易起误会，不如说敬字，使人较有头脑可把捉。

此后伊川把此义再加阐述，他云：

> 所谓敬者，主一之谓敬，所谓一者，无适之谓一。

再举写字来说，一心在写字上，即主一也。不分心外驰，别有思存，又不是存心要字好，即无适也。主一无适，便是心在腔子里，也便是心中没事。此亦可以禅宗的工夫说之。禅宗也只要人系心一处，使不散乱。所谓："心者，制之一处无事不办也。"所以明道说心中没事，只是心不散乱，只是无适，只是主一，系于一处，便是无所系。濂溪《通书》曾谓："学圣人以一为要，一者无欲，无欲则静虚动直。"二程言主一之谓敬，把敬字来换了静字，此是二程用心仔细处。凡云静虚无欲，此等字面，二程皆力求避免。将仁字或理字来换无欲字，将实来换了虚，正如将敬字来换静字一般。若论到切实下工夫处，濂溪二程，实无绝大不同。只二程语更妥帖，更周到，不使人误入歧途耳。所谓歧途，便是释老，因当时濂溪二程所讲工夫，本与释老甚相似也。

此处又引起一问题，即人心之有闲思杂虑是。主一无适与闲思杂虑，此是显然的两个境界。

> 吕与叔曾患思虑多，不能驱除。明道曰，此正如破屋中御寇，四面空疏，盗固易入，无缘作得主定。又如虚器入水，若以一器实之以水置水中，水何能入。盖中有主则实，实则外患不能入，自然无事。

此便是主一无适的实工夫。濂溪只说一，明道说主一，此主字极吃紧，大有关系。因单说一字便易近于虚，易与庄周释氏语相混，今云主一，则工夫自实也。伊川云：

主一则虚，无主则实。必有所事。人多思虑，不能自宁，只是做他心主不定。要作得心主定，惟是止于事。如为人君止于仁之类。人不能止于事，只是揽他事，不能使物各付物。有物必有则，须是止于事。

此处伊川说主一则虚，正是明道说的主一则实。伊川说止于事，正是明道说的心中没事。此等亦须活看。止于事者，如写字时心止在写字上，便是物各付物，便是心有主，便是主于一而无适。其实《定性书》所讨论，亦是此问题。只《定性书》中所解答者，没有此处明白，没有此处精细贴切。因《定性书》只拈出一理字，没有拈出敬字，则使人晃荡无下手处。

今再把二程此等言语，与禅宗相较，亦可说是一个虚实问题。禅宗惺惺寂寂，系心一处，使不散乱，大体只是看重一个当下，一个现量。当下现前，刹那变灭，此心亦刹那变灭。所以系心一处，等于无系无着。其次则打叠一切，专系在一念上，待得此念纯熟，忽然脱掉，则仍落无住无念境界，此即是参话头工夫也。程门所谓主一，乃把事字来换去当下字，故要在现前当下境上去主一个天理。因此主一不是专系在一念上，只在一切念上主一个天理。一切念可以刹那刹那变灭，而一切念上的天理，则始终一片。一即一切，一切即一，主一不摒弃一切，乃有一事存在，有事便有理。岂不是一个虚实之辨？但若偏重天理，又不免使人向外寻觅，又要走散到一切上去，所以程门要提出一敬字来，使人即在当下心体上下手。但所谓主一，所谓止于事，却不是叫你好色则专一在好色上，何以不能专一在好色上，你若不真认识自己心体，便不免又要从天理上说话。其实闲思杂虑，亦何尝不是你心体自己要如此，但闲思杂虑终是人欲，非天理。换言之，即并非你真心体。如何认识你真心体呢？因此又转入别一问题。

今且再从闲思杂虑的问题，再转深一层说，便成了已发未发的问题。此问题有伊川答苏季明一大段话，最可注意。

> 苏季明问，观于四者未发之时，静时自有一段气象。及至接事时，又自别，何也？曰：善观者不如是，却于喜怒哀乐已发之际观之。贤且说静时如何？曰：谓之无物则不可，然自有知觉处。曰：既有知觉，即是动也。怎生言静？人说复其见天地之心，皆以至静能见天地之心，非也。复之卦下面一画便是动也。安得谓之静。自古儒者皆言静见天地之心，惟某言动而见天地之心。或曰：莫是于动上求静否？曰：固是，然最难。释氏多言定，圣人便言止。人万物皆备，遇事时，各因其心之所重者，更互而出。才见得这事重，便有这事出。若能物各付物，便自不出来也。或曰：先生于喜怒哀乐未发之前，下动字，下静字，曰：谓之静则可，然静中须有物始得。这里便是难处。学者莫若且先理会得敬，能敬则自知此矣。

已发未发，是宋儒极爱讨论的问题。荆公濂溪，皆不免划分已发未发作两截看，故皆看重未发看重前一截。如此便要落到虚无境里去，便要接近老释。伊川在本休论上，似未能摆脱此圈套。

只在用工夫上，却主张着力在后一截。他说，动见天地之心。他说：静中须有物始得，皆是有极大关系话。此等处，正是周程转手处也。伊川此意，其实还是明道之意。明道曰：

> 敬而无失，便是喜怒哀乐未发谓之中。敬不可谓中，但敬而无失，即所以中也。

明道以敬而无失为所以中的工夫，也便是注重后一截，与伊川同意。或问伊川：

> 敬莫是静否？曰，才说静，便入于释氏之说也。不用静字，只用敬字。

又曰：

> 敬则自虚静，不可把虚静唤做敬。

因说静，易使人着想到脱略事为。说敬，则止于事，可免误入虚静之病。一面是脱略人事，一面则是看重人事，此为儒家与道释之最大分别。《二程语录》，有周茂叔穷禅客一语，今虽不能详说，然或可从此等处推见大略。要之二程极意拈出敬字来代静字，正自有故。

伊川对明道拈出的敬字，有发挥处，亦有补充处。大抵明道敬字只说得一个心的境界，到伊川手里，便把他向外化了，说到仪貌上去。大体说来，犹如把未发转到已发上来一般。工夫下手，一层切实一层，但亦由此生出流弊。伊川云：

> 严威俨恪，非持敬之道，敬须自此入。

明道曾说，敬须和乐，和乐还是内心境界。今伊川说敬须严威俨恪，则是外面仪貌。此一层，一面可以看出明道伊川两人性格上之不同，一面亦是伊川说工夫更具体，更切实，但却为敬字增出一歧途。伊川又云：

> 惟动容貌，整思虑，则自然生敬，敬只是主一也。
> 一者无他，只是严肃整齐，则心便一。

又曰：

> 俨然正其衣冠，尊其瞻视，其中自有个敬处。虽曰无状，敬自可见。

本来程门拈出敬字，只要必有事焉，只要物各付物，使人脱出静虚境地，故曰惟动乃见天地之心。又说静中须有物。但理论虽如此，程门实际生活，则依然仍有偏于虚静一边之病。不如初期宋学，才是动与实的分数多。亦不如横渠康节，也还是动与实的分数多。二程此等处实自近濂溪。因此初期宋学，尚少牵涉到本体论方面，而二程的大贡献，则要将本体论与人生实务打成一片。但二程的实际生活，则不免稍偏在这一面，常常要静著无事。今若在无事时强要作有事样，在无物时强要认有物般，便不免要转到正衣冠，尊瞻视，动容貌，严威俨恪的一面来。程门敬字之仪貌化，此实敬字一歧途。此后陆象山弟子杨慈湖颇不喜此等话。慈湖云：

> 主一则既不之东，又不之西，是则只是中苦也。人性自善，何必如此拘束？孔子未尝如此教人。但曰，居处恭，执事敬耳。但曰，约之以礼耳。伊川之教，固愈于放逸者。然孔子曰：过犹不及，何则，其害道均也。

慈湖以伊川教敬为拘束，其实只是伊川立教之流弊。若从大体言，果能以必有事焉与中心和乐为敬，则不致像慈湖所反斥。

其次，程门之所谓敬，按实言之，只是一种心的状态或境界，似乎还不是心的生命，因此亦并未接触到心力之真源。若说敬是心体，亦只好说是心之体段或体貌，仍是心之外相，而非其内情。若以近代语译之，敬只是一种心理上之注意集中而已。故曰廓然而大公，物来而顺应，物各付物，心中没事，此等全属随动顺动而非主动帅动，只是随顺着外面转移注意，却不失一个轨范，但并没有由内向外充沛流露的一段精力。若只偏重说注意集中，而没顾到内心自发的要求与动向，则此种注意，会成无生命的。若如此来说敬字，则敬字岂不是成个空架子，依然还是一种静虚之境，仍没有内容。伊川在此处却见到了，故他要再提出敬义夹持的话来做补救。伊川云：

敬只是涵养一事,必有事焉须当集义。只知用敬,不知
集义,却是都无事也。

又说:

涵养须用敬,进学则在致知。

伊川此一番话,在居敬以外,又添上集义致知格物穷理许多说
法,这是另一边事,如此便开了将来朱晦翁的路径。我们且试回
看明道《识仁篇》,彼本以仁为心体,故曰:"圣人,仁之至也,独
能体是心而已。"仁中便包义礼智信,则存养此心之仁,已不啻
是集义致知,何待于存仁以外又别来一番集义致知工夫乎?明
道云:

在天为命,在义为理,在人为性,主于身为心,其实一也。

又说:

只心便是天,尽之便知性,知性便知天,当处便认取,更
不可外求。穷理尽性以至于命,三事一时并了,元无次序,
不可将穷理作知之事。

又说:

> 质美者明得尽,渣滓便浑化,却与天地同体,其次惟在
> 庄敬持养。

可见明道将存仁穷理只作一事看。仁是活泼的,有情感,有生命
的。存仁便已是穷理了,不烦再向外去穷理。向外穷理只是枝
叶,有本原,自能有枝叶。故曰:

> 圣人千言万语,只是欲人将已放之心约之使反复入身
> 来,自能寻向上去。

心自能寻向上,岂不还是一个动进的,有生命有活力的? 今伊川
分出敬义夹持,则容易使人将穷理别作知之事看,又易使人于庄
敬持养外别寻向上之道。若仍认敬是心体,则岂不心体成了静
的虚的! 由此则从敬是心体又转成敬只是工夫了。明道只为能
扣紧心体立说,故涵养即是致知,工夫本体尚不分裂。伊川说话
把心体忽了,专转到事上讲,便要敬义夹持,此则又是一条引而
向外的歧途。上面说过,若讲存主一天理,便易使人向外寻觅,
其证在此。

　　以上是说二程对于敬字看法之转变。现在再说程门。本来
二程拈出敬字来代替濂溪之主静立人极,正恐静字流入释氏,其
意已详上述。但程门高第,仍不免于敬字上流归释氏,此又是敬
字一歧途。此层可以谢上蔡为证,上蔡云:

> 敬只是事至应之,不与之俱往,非敬乎? 万变而此心常存。

其实心不与事俱往,虽很像程子所谓之无适,其内里则是禅宗之无住不著也。上蔡如此看心,似乎只看在心的轻松灵活处,没有看到心之刚健笃实处。若果如上蔡此番话,则到头只可做到禅宗的本分为人,却不能做到孟子、王介甫之所谓大人。人心只有应的能,没有感的力。《中庸》说,仁者必有勇,佛家亦说勇猛精进,人心自有一种向前迈进的动力,此是感的力。感是主动,应是随动被动。只因有感的力,所以遇到阻碍,自能向前冲决而过,此是心之勇。那里仅是事至应之而已。但宋儒言心颇忽此,因此他们常只说到无畏与不惧,却没有多说勇。无畏不惧,依然还是顺动随动,还是事至应之,并非主动帅动,并非自强不息。并非自有动向,自有生命,自有一种感的力量。此种意态,即于二程可证。明道说:

> 目畏尖物,此事不得放过,须与放下。室中率置尖物,
> 须以理胜他,尖不必刺人,何畏之有。

有人眼前常见一狮子扑来,问于伊川,伊川令其见狮子即张手捉之。其人屡捉不获,狮子亦遂不见。此两事实同一理,而后一事尤精微。二程对心理学确有一番研究,但可惜只注意在消极方面,最多是以理自克,还是以外制内,于内心真活力真源泉似少理会。只说是不为外物所动,却没有指点出此心之对外物,自有他的一番进取与活动。自有他一种感的力。上蔡云:

> 吾旧多恐怖,每于危阶上蹈险以习之。

或问色欲想已去多时，曰：伊川则不绝，某断此二十来年矣。又问于势利如何？曰：打透此关，十余年矣。当初大做工夫，拣难舍底弃却，后来渐渐轻。今日于器物之类置之，只为今要用，并无健羡底心。问公于外物一切放得下否，曰：可谓切问矣，实就上面做工夫来。

问洒扫应对上学，却是大琐屑，不展拓，曰：凡事不必须要高远，且从小处看。只如将得一金与人，如将天下与人，虽大小不同，其实一也。我若有轻物底心，将天下与人，如一金与人相似。我若有吝物底心，将一金与人，如将天下与人相似。又如行于屋台边，心便恐惧，行平地上，心便安稳。我若去得恐惧的心，虽履千仞之险，亦只占行平地一般。只如洒扫，不著此心，怎洒扫得。应对，不著此心，怎应对得。

上引上蔡语，大体相似。此处便从必有事焉转入万法平等，只要此心不黏不著，无爱无惧，所谓万变而心常存也。此等只是仅谈心有应，不谈心有感。仅谈心有能，却不谈心有性。又曰：

敬是常惺惺法，心斋是事事放下，其理不同。

常惺惺是佛门语，心斋是道家言。其实常惺惺亦只如运水搬柴皆是神通之类，与心斋放下相距无几。总之是随动顺动，无自内而生的活力。无勇不前，可说是心的体态，决非心的生命。岂可说心生命是一个常惺惺乎？若心无生命，试问生命更在何处？伊川所谓动处见天地之心者，岂得谓天地之动亦仅如此。亦只是一个常惺惺乎？上蔡从心体上言敬,固为不失明道宗旨,但恨认识心体不圆不实,落入禅家圈套,仅成一片平薄,其言所指,虽与伊川内外异类,而其为敬字之歧途则一也。

但此种意境,到底还自程门传来。明道尝云:某年十六七好田猎,既而自谓已无此好。周茂叔曰:何言之易。后十二年,暮,在田间见猎者,不觉有喜心,乃知茂叔言不诬。此条故事,可见明道初入学时头路。可见程学入头处,还是濂溪无欲则静,静虚则动直的一套。明道他日也不免总是偏倒在静虚上,偏倒在无欲上。又谓,在澶州日,修桥,少一长梁,曾博求之民间。后因出入,见林木佳者,必起计度之心。因语以戒学者,心不可有一事。又云:昔在长安仓中坐,见长廊柱,以意数之,己尚不疑,再数之不合,不免令人一一声言而数,乃与初数者无差。知越着心把握,越不定。此等皆见明道平日用心处。故谢上蔡录五经语,明道呵之,谓其玩物丧志。又上蔡举史书成诵,明道又说贤却记得许多。明道自谓再见茂叔后,吟风弄月,有吾与点也之意。又谓:

> 学者今日无可添,只有可减,减尽便没事。

又曰:

> 人心常要活,则周流无穷,而不滞于一隅。

此皆明道着精神语。只由此等处看入,便可见上蔡确还是程门真传。濂溪主静无欲一脉,仍留在程门血脉里,并未消煞也。

伊川在此等处，其态度颇与明道异。伊川尝曰：

> 孟子曰，养心莫善于寡欲，此一句浅近，不如义理之悦我心，犹刍豢之悦我口，最亲切有滋味。

此一分辨极重要，便是一虚实之辨也。故伊川常教人在知见处用功，尝云：

> 人只是要一个知见难。人既能知见，岂有不能行。

又曰：

> 学者须是真知。才知得，便自泰然行将去也。

所谓真知者，伊川云，向亲见一人曾为虎所伤，因言及虎，神色便变。旁有数人，见他说虎，非不知虎之可畏，然不如他说了有畏惧之色。盖真知虎者也。或问学何以有至觉悟处，曰莫先致知。伊川言致知时倍有精彩。尝曰：学者先要会疑。又曰：人思如泉涌，汲之愈新。若于一事上思未得，且别换一事思之，不可专守着这一事。从此便说到格物上。伊川曰：

> 今日格一件，明日格一件，积习既久，然后脱然有贯通处。

又曰：

自一身之中，至万物之理，但理会得多，相次自然豁然
有觉处。

今若从此等处分辨，则明道走了为道日损的路，而伊川走了为学
日益的路。两人异学，其关键在于对心性看法之不同。明道认
仁为心体，由此推衍，便成心即理说。伊川则谓：

仁，理也。人，物也。以仁合在人身言之，乃是人之道
也。（《外书》六）

如此则仁字不在人身上，故要合在人身乃成人之道。伊川又说：

仁只是一个公字。（《遗书》二十二）
仁道难名，惟公近之。（《遗书》三）

明道云，仁者浑然与物同体，此只指心言。今云仁只是公，则涵
义又别。公可指公心，亦可指公理。公理便偏在外，不是人心之
自然体段与自然状态矣。总之伊川处处要着实，故处处不免要
引之向外，此乃二程与濂溪分歧处，亦是伊川与明道分歧处也。
然则亦可谓明道多主无内外，而伊川便要分内外。
　　伊川又云：

性中只有仁义礼智四者，几曾有孝弟来。（《遗书》十八）

伊川认性中有仁，却不认性中有孝弟，此说更可注意。只因孝弟确然是人心，而伊川却把性字理字都要从人心引而外之，如此则仁字自然亦不在人心了。于是仁与孝弟亦确然有分别了。我们由此着眼，乃可说到伊川性即理的说法。伊川云：

> 性即理也。天下之理，原其所自，未有不善。喜怒哀乐之未发，何尝不善。发而中节，则无往而不善。发不中节，然后为不善。

此一节，当与前引《答苏季明》一大段语合看，可见伊川在实下工夫处，虽极力想避免濂溪虚静一路，但在讨论心性本体上，则依然超不出有前后之两截。大体伊川认性为未发，故说性中只有仁义礼智，没有孝弟。因伊川认仁义礼智只是理，理可属先天，孝弟则是人情与行事，皆应属后天。后天只属气，不属理。故说性即理，乃专指天地之性言。伊川此等意见，大体沿袭濂溪横渠。我们若细籀明道平日言论，其实亦复如是。但明道紧握住仁是心体一语，故不如伊川般牵引向外。分了内外，便分先后。此下朱陆异同，即由此处分歧。

现在连带说到变化气质，此语始于横渠。横渠《理窟》有《气质》篇，谓：

> 变化气质，但拂去旧日所为，便动作皆中理，则气质自然全好。

明道亦云：

> 人语言紧急,莫是气不定否?曰:此亦当习。习到自然缓时,便是气质变也。学至气质变,方是有功。

伊川云：

> 气须是养,集义所生,积习既久,方能生浩然气象。

根据上引诸条,可见张程言气质虽属形而后者,但变化气质则只在习上用功。究竟宋儒意见,并不如佛家般要厌弃此气质。变化气质,用今语质言之,只是把一种新习来改旧习。旧习者,人生一堕形气,后天已发,种种皆是习,亦种种皆是旧。新习则要人由此反之于先天之理性,此乃所谓未发以前气象也。要走向新习,必先认识此先天理性之体段,必先认识此未发以前之气象。横渠主由礼教,礼教只是外在的,故近荀子。濂溪主由虚静,虚静则是空洞的,故近庄周。若谓静虚则自动直,仍与孟子相似,则当知庄周孟子本可相通。只是庄周站的是静一边,孟子站的是动一边。明道主由存养此心,只言存养,不言推扩,故只近孟子之一偏。明道盖是孟子庄周之合流。伊川主由致知穷理,又言集义,则是近孟子之又一偏,亦可谓是孟子荀卿之合流。若以偏轻偏重论,则濂溪明道近庄,横渠伊川近荀。但他们所推敬,则完全在孟子。

此文刊于一九四七年五月《思想与时代》四十五期

朱子心学略

程朱主性即理,陆王主心即理,学者遂称程朱为理学,陆王为心学,此特大较言之尔。朱子未尝外心言理,亦未尝外心言性,其《文集》《语类》,言心者极多,并极精邃,有极近陆王者,有可以矫陆王之偏失者。不通朱子之心学,则无以明朱学之大全,亦无以见朱陆异同之真际。本篇姑拈数十则,稍发其趣,未能备也。

朱子未尝外心言性,亦未尝外心言理,观下引诸条可证。曰:

> 原此理之所自,虽极微妙,然其实是人心中许多合当做底道理而已。但推其本则见其出于人心而非人力所能为,故曰天命。虽万事万化皆由此中流出,而实无形象可指,故曰无极。(《答廖子晦》)

又曰:

以天命之谓性观之，则命是性，天是心。心有主宰之
义，然不可无分别，不可太说开成两个。当熟玩而默识其主
宰之意可也。

此朱子不外心言理，不外心言性之证也。其明言心即理处尚多。
如曰：

心与理，不是理在前面为一物，理便在心之中。

此心虚明，万理具足，外面理会得者，即里面本来有底。

然朱子所谓心即理，亦有一限度。曰：

仁者心便是理，看有甚事来，便有道理应他。

可见未到仁者地位，即不得漫言心即理。又曰：

大凡道理皆是我自有之物，非从外得。所谓知者，便只
是知得我底道理，非是以我之知去知彼道理也。道理固本
有，用知方发得出来，若无知，道理何从见。

可见未到知者地位，亦不得漫言心即理。《论语》言仁且知既圣
矣。象山谓东海有圣人，西海有圣人，千万世之前之后有圣人，
此心同，此理同。亦必特举圣人言之。苟不到圣人地位，亦不得
漫言心即理。就此一点，是朱陆大同处。故曰：

人心万理具备，若能存得，便是圣贤，更有何事。(《答项平父》)

又曰：

自古圣贤，皆以心地为本，圣贤千言万语，只要人不失其本心。

此可谓即象山之先立乎其大者。又曰：

凡学先要明得一个心，然后方可学。譬如烧火相似，先吹发了火，然后加薪，则火明矣。若先加薪而后吹火，则火灭矣。某这里须是事事从心上理会起。

象山谓"今之论学者，只务添人底，自家只是减他底"。阳明亦有以衣食投波涛中是适重其溺之喻，皆与此条义旨相似。又曰：

学者常用提省此心，使如日之升，则群邪自息。他本自光明广大，自家只着些子力去提省照管他便了，不要苦着力，着力则反不是。

又曰：

人只要存得这些在这里，则事君必会忠，事亲必会孝，见孺子则怵惕之心便发，见穿窬之类则羞恶之心便发，合恭敬处自然会恭敬，合辞逊处自然会辞逊。

又曰：

施之君臣则君臣义，施之父子则父子亲，施之兄弟则兄弟和，施之夫妇则夫妇别。都只由这个心。如今最要先理会此心。

此即象山"当恻隐即恻隐，当羞恶即羞恶"，阳明"见父自然知孝，见兄自然知弟"。如日之升，群邪自息，即犹阳明红炉点雪之喻也。

上引皆就心与理言，下引其言心与性者。曰：

人多说性方说心，看来当先说心。……今先说一个心，便教人识得个情性底总脑。教人知得个道理存着处。

又曰：

《中庸》说，天命之谓性，即此心也。率性之谓道，亦此心也。修道之谓教，亦此心也。以至于致中和，赞化育，亦只此心也。

此等处皆绝似陆王。又曰：

人只是此心，以至千载之前，千载之后，与天地相为终始，只此一心。

试问主张心学者下语，亦复何能异？然朱陆毕竟不同，试先举朱子议象山者如次。朱子曰：

陆子静杨敬仲有为己工夫，若肯穷理，当甚有可观，惜其不改。

又曰：

陆子寿兄弟气象甚好，其病却是尽废讲学而专务践履，却于践履之中要人提撕省察，悟得本心，此为病之大者。……惜其自信太过，规模窄狭，不复取人之善，将流于异学而不自知耳。（《答张敬夫》）

可见朱子斥陆学，最要在其尽废讲学，不肯穷理。换言之，则是只主尊德性而忽了道问学。故曰：

子思说尊德性，又却说道问学。……如今所说，却只偏在尊德性上去，无道问学底许多工夫，恐只是占便宜自了之学。出门动步便有碍，做一事不得。时变日新而无穷，安知他日之事，非吾辈之责乎？若只自了，便待工夫做得二十分，到终不足以应变。到那时，却怕人说道不能应变，也牵强去应,应得便只成杜撰,便只是人欲。

应变须有学问,非现成可期,又曰:

> 这道理无所不该,无所不在。……若只守个些子,捉定在那里,把许多都做闲事,便都无事了。如此只理会得门内事,门外事便了不得。所以圣人教人要博学。("二字力说")

又曰:

> 人如何不博学得? 若不博学,说道修身行己,也猛撞,做不得。……气质纯底,将来只成一个无见识底呆人。若是意思高广底,将来遏不下,便都颠了。

象山说,虽不识一个字,亦还得堂堂地做个人。阳明说,只要成色纯,一钱也是黄金。但朱子说,气质纯者不免为无见识底呆人,意思高广便都颠了。这里是朱陆两家分手处。孔子曰:十室之邑,必有忠信如丘者焉,不如丘之好学也。象山阳明注意及此,则不对朱子有深斥。故曰:

> 古人之学,所贵于存心者,盖将推此以穷天下之理。今之所谓识心者,乃将恃此而外天下之理。是以古人知益崇而礼益卑,今人则议愈高而其狂妄恣睢也愈甚。(《答方宾王》)

工夫用在识心上，不用在存心以识理上，此心学与理学之所歧。又曰：

> 若只收此心，更无动用生意，又济得什么。所以明道又云：自能寻向上去，这是已得此心方可做去，不是道只块然守得这心便了。

收此心了仍得用，非块然守此心。守此心是尊德性，用此心是道问学。又曰：

> 心要活，活是生活之活，对着死字，活是天理，死是人欲。

块然守这心，照朱子意，便是死了，便是人欲。朱子却要继此下博学工夫。于是遂生出内外动静之辨，此为朱子论心学精彩处，前云可以矫正陆王之偏失者，如此类是也。朱子谓：

> 人心知此义理，行之得宜，固是内发。人性质有不同，或有鲁钝，一时见未到，得别人说出来，反之于心，见得为是而行之，是亦内也。人心所见不同，圣人方见得尽。今陆氏只要渠心里见得底方谓之内，若别人说底，一句也不是。才自别人说出，便指为义外，如此乃是告子之说。……岂可一一须待自我心而出，方谓之内。所以指文义而求之者皆不为内，自家才见得如此。便一向执著，将圣贤言语便亦不信，更不去讲贯。只是我底是，其病痛只在此。只是专主生

知安行,而学知以下一切皆废。

此条驳象山最有力。既主心同理同,则圣人之心即是我心,圣贤底心,都寄托在书本上,读书穷理,不得谓是支离。孟子曰:尧舜性之,汤武反之,此即别人说出来,反之于心,见得为是亦是内。不识一字,总不如好古敏求。故曰:

> 简策之言,皆古先圣贤所以加惠后学,垂教无穷,所谓先得我心之同然者。……凡我心之所得,必以考之圣贤之书,脱有一字不同,更精思明辨,以益求至当之归。
>
> (《答吴晦叔》)

如是则践履讲学,仍是一以贯之,不必多一分别。朱子又曰:

> 今人因孟子之言而识义之在内者,然又不知心之慊与不慊,亦必有待讲学省察而后能察其精微者。故于学聚问辨之所得,皆以为外,而以为非义之所在,一切弃置不为,此与告子之言,虽若小异,实则百步五十步之间耳。

此条亦驳象山。惟其分别内外太迫促,故规模窄狭,不复取人之善。辨内外复可分两义。一则分人我,一则分身心。大抵人多认我为内,人为外,此层上引朱子语已辨之。又多认心为内,身为外,朱子亦加辨斥。故曰:

　　根本枝叶,本是一贯,身心内外,原无间隔。(《答何叔京》)

又曰:

　　大抵身心内外,初无间隔。所谓心者固在于内,而视听言动语默出处之见于外者,亦即此心之用而未尝离也。今于其空虚不用之处则操而存之,于其流行运用之实,则弃而不省。此于心之全体,虽得其半而失其半矣。然其所得之半,又必待有所安排布置,然后能存。故存则有揠苗助长之患,否则有舍而不芸之失。是其所得之半,又将不足以自存而失之。孰若一主于敬,而此心卓然,内外动静之间,无一毫之隙,一息之停哉?(《答杨子直》)

又曰:

　　人能制其外,则可以养其中。固是内是本,外是末,但偏说存于中,不说制于外,则无下手脚处,此心便不实。

此两条发明身心内外相通,与前两条辨人我内外相通者并看,皆陈义谛当,圆宏无病。从前两条有朱子之穷理论,从后两条有朱子之居敬论。居敬穷理,为朱学两大柱,象山颇不喜朱子言敬,此层下面再说。阳明力辨朱子之穷理论,兹举两条如下:

　　或人问阳明,凡学者才晓得做工夫,便要识认圣人气

象,把做准的。阳明云:圣人气象,自是圣人的,我从何处识
认,若不就自己良知上真切体认,如以无星之称而权轻重,
未开之镜而照妍媸,真所谓以小人之腹而度君子之心,圣人
气象何由认得。自己良知原与圣人一般。若体认得自己良
知明白,即圣人气象,不在圣人而在我矣。

阳明此条,前一段极是,无星之称不能权轻重,未开之镜不能照
妍媸,故朱子亦主居敬涵养要求得一端绪以为穷理地步。此层
后详。后一段则大可议,必牢守自心平地直达圣人境界,不肯把
圣人来做准的,此即朱子所谓规模窄狭,不复取人之善也。是只
有性之,无反之也。阳明又力辨朱子即物穷理之说。即物穷理
与把圣人做准的又不同。把圣人做准的,便是取人之善,是反
之。即物穷理,则就自己本身做明善工夫。孔子言仁又言知。
又曰知及之,仁守之,是知亦在仁前。阳明之言曰:

　　朱子所谓格物云者,在即物而穷其理。即物穷理,是就
事事物物上求其所谓定理者也。是以吾心而求理于事事
物之中,析心与理而为二矣。夫求理于事事物物,如求孝之
理于其亲之谓也。求孝之理于其亲,则孝之理其果在于吾
之心邪,抑果在于亲之身邪?假而果在于亲之身,则亲没之
后,吾心遂无孝之理欤?见孺子之入井,必有恻隐之理,是
恻隐之理果在于孺子之身欤?抑在于吾心之良知欤?其或
不可以从之于井欤?其或可以手而援之欤?是皆所为理
也,是果在于孺子之身欤?抑果出于吾心之良知欤?以是

例之,万事万物之理,莫不皆然,是可以知析心与理为二之非矣。(《答顾东桥》)

阳明此条,力辨析心与理为二之非,其义甚是,然细味亦有语病。孝之理固在于吾之心,亦不可谓非存于亲之身。诚使天地间无父母,则人心那复有孝?诚使天地间无孺子入井以及类此之事,人心那复有恻隐?故孝之理,恻隐之心,仍是合内外而始有。至朱子言格物致知,实亦未尝析心与理而二之也。且孔子亦常析仁与知而言之。若以仁在内,则所知固在外也。朱子曰:

> 义理,人心之固有。苟得其养,而无物欲之昏,则自然发见明著,不待别求。格物致知,亦因其明而明之尔。今乃谓不先察识端倪,则涵养个甚底,不亦太急迫乎?(《答林择之》)

此处重要分辨,仍将心与理二字放宽看始得。若一向牵向外,固不是。若立意要拉向内,是亦一偏之见也。朱子又曰:

> 未发时著理义不得,才知有理有义,便是已发。当此时,有理义之原,未有理义条件。(《再论湖南问答》)

孝之理,恻隐之心,即所谓理义条件,条件犹今称项目。理一分殊,种种项目,必接外物而始有。即物穷理,即穷此理之条件项目耳。除却一应条件项目,何处去认此浑全底理。故曰:

此心因物方感得出来，如何强要寻讨出此心常存在这里。

此等处，仍是一内外之辨。湛甘泉谓阳明认良知为有外，而主就事事物物上体认天理。此亦有见于引心向内之失而来。此后王学末流，过分重视良知，以谓万理全具，遂欲尽屏外物而一意从事于我心，而弊害不胜言矣。

上述内外之辨，其实已牵连到动静之辨。凡认我为内，人为外，心为内，身为外者，流弊所极，必至喜静厌动，忽略了外面一切人事。朱子于此层，早已看到，故主内外并无间隔，又说动静并无高下。其言曰：

> 人之身心，动静二字循环反复，无时不然。……随动随静，无处不是用力处。欲舍动求静，无此理。（《答吴伯丰》）

又曰：

> 动了又静，静了又动，动静只管相生，如循环无端。若要一于动，静不得，如目岂能不瞬？又岂能常瞬？

或问随说存养，即是动了。朱子曰：

> 此恐不然。人之一心本自光明，不是死物。所谓存养，非有安排造作，只是不动着他。即此知觉炯然不昧，但无喜

怒哀乐之偏,思虑云为之扰耳。当此之时,何尝不静,不可必待其冥然都无知觉,然后谓之静也。(《答孙敬甫》)

朱子此等处,辨内外,辨动静,皆极宽平。知觉存养皆是静,不必冥然罔觉始算静。而且静了必须动,也不能死守在静上。朱子师李延平,为默坐澄心之学,朱子亦非之,曰:

只为李先生不出仕,做得此工夫。若是仕宦,须出来理会事。

可见朱子并不赞成此种工夫,所谓只理会得门内事,占便宜,自了也。但朱子也并不全反对此种工夫。故曰:

譬如人治生,也须先理会个屋子,安著身己,方始如何经营,如何积累,渐渐须做成家计。若先未有安著身己处,虽然经营,毕竟不济事。为学者不先存此心,虽说要去理会,东东西西,都自无安著处。孟子所以云收放心,亦不是说只收放心便了,收放心,且收敛得个根基,方可以做工夫。若但知收放心,不做工夫,则如近日江西所说,则是守个死物事。

又曰:

孟子曰:学问之道无他,求其放心而已。岂是此事之外

更无他事,只是此本不立,却无可下手处。此本既立,则自然寻得路径进进不已耳。(《答郑子上》)

有本亦必有末,有源亦必有流。截去末流固不是,失却本源亦不是。惟其不明得此理,乃有凿空去格物之病。朱子曰:

> 今日学者所谓格物,却无个端绪,只是寻物去格。如宣王因见牛发不忍之心,此盖端绪也。……凡人各有个见识,不可谓他全不知。如孩提之童,知爱其亲,长知敬其兄,以至善恶是非之际,亦甚分晓。……须是因此端绪而穷格之。未见端倪发见之时,且得恭敬涵养。有个端倪发见,直是穷格去。亦不是凿空寻事物去格也。

看此一节,始是本末源流兼顾了。阳明格庭前竹子,只是凿空寻事物去格,非朱子所许。朱子虽说即凡天下之物而格,却要因其已知之理而益穷之。便是此处所谓因此端绪。居敬涵养,便是要替即物穷理发见一端绪。故曰:

> 涵养于未发之先,穷格于已发见之后。

又曰:

> 天下之理,逼塞满前。耳闻目见,无非物也。若之何而穷之,须当察之于心。使此心之理既明,然后于物之所在,

从而察之，则不至于泛滥矣。

则朱子于即物穷理之前，固该有一番预备工夫。故曰：

> 疑古人先从小学中涵养成就，所以大学之道，只从格物做起。今人从前无此工夫，但见大学以格物为先，便欲只以思虑知识求之，更不于操存处用力，纵使窥测得十分，亦无实地可据。（《答林择之》）

此条当与前引《答林择之》义理人心之固有一条合看，朱子之意，始见明白。又曰：

> 从初不曾存养，便欲随事察识，窃恐浩浩茫茫，无下手处，而毫厘之差，千里之谬，将有不可胜言者。（《答张钦夫》）

如此则象山所谓先立乎其大者，朱子固未尝忽略。陆王心学所加非议于朱子者，朱子实早已见到。故曰：

> 因良心发见之微，猛省提撕，使心不昧，则是做工夫底本领。本领既立，自然下学而上达矣。若不察良心发见处，即渺渺茫茫，恐无下手处也。（《答何叔京》）

但此层亦并不能死杀看。穷格物理，一样能帮助涵养，一样能收放心，使此心开明，所以说内外无间，动静无端。此层最吃紧，俟后再详。在此所拟交代者，朱子只把收放心看做学问底开头工夫，不认收放心是学问底收梢工夫。从此上朱子便和象山歧异。故曰：

> 抚学有首无尾。

又曰：

> 陆子静大要说当下便是。

又曰：

> 陆子静之学，只管说一个心本来是好底物事，上面著不得一个字。只是人被私欲遮了，若识得一个心了，万法流出，更都无许多事。

又曰：

> 看子静书，……只我胸中流出底是天理，全不著得些工夫。

从此便要说到朱子对心学底另一番贡献，即朱子对心体呈现之说之非难是也。大抵陆王心学总喜欢说心体，朱子却不喜说心体，此乃朱子最高明处。故曰：

> 只存此心，便是不放。不是将已纵出了底依旧收将转
> 来。旧底已是过去了，这里自然生出来。

这一条描写心态极深微。心只如流水般，永永向前，刻刻翻新，
并不先有一心体，放出去了又得收回来。故曰：

> 如浑水自流过去了，如何会收得转，后自是新底水。

又曰：

> 求其放心，亦只是说日用之间，收敛整齐，不使心念向
> 外走作，庶几其中许多合做底道理，渐次分明，可以体察。
> 亦非捉取此物藏在胸中，然后分别一心出外以应事接物也。
> （《答廖子晦》）

此处云并非捉取此物藏胸中，上引一条云不是将纵出了底依旧
收转来，总之是在指说心态。心只是一活的刻刻向前的东西，并
没有如一般想像底一个心体完整地存在。故曰：

> 心固不可不识，然静而有以存之，动而有以察之，则其
> 体用亦昭然矣。近世之言识心者则异于是。盖其静也，初
> 无持养之功。其动也，又无体验之实。但于流行发见处认
> 得顷刻间正当意思，便以为本心之妙不过如是，攀夺作弄，
> 做天来大事看，不知此只是心之用耳。此事一过，此用便

息。岂有只据此顷刻间意思，便能使天下事事物物无不各得其当之理。所以为其学者，于其工夫到处，亦或小有效验，然亦不离此处。而其轻肆狂妄，不顾义理之弊，已有不可胜言者。此真不可以不戒。(《答方宾王》)

此一节话，剖划入微，对于心体呈现之说，可谓犁庭捣穴，摧陷而扩清矣。人心只如一股活水，永永向前流，岂能捉取一段，认为是本体，却想从此本体发出一切大用来。因此朱子又力辨当时顿悟之说。曰：

今有一种学者，爱说某自某月某日，有一个悟处。及问他如何地悟，又却不说。……只是截自某月甚日为始，已前都不是，已后都是，则无此理。人心存亡之决，只在一息间。此心常存则皆是，此心才亡便不是。圣贤教人，只据眼前，便著实做将去。……学者初做时，固不能无间断，做来做去，做到彻时，自然纯熟，自然光明。一刻有一刻工夫，一时有一时工夫，一日有一日工夫。岂有截自某日为始，前段都不是，后段都是底道理。

此因言顿悟，亦犹言心体呈现，都谓人心自有一本体，可以用工夫瞥见。瞥见了此体，便如把柄在手，纵横运用，无不如志。朱子既不喜心体呈现之说，自该连带斥及顿悟。于是又有本原源头之说，亦为朱子所斥。其言曰：

如吾友所说,从原头来,却要先见个天理在前面,方去做,此正是病处。是先有所立卓尔,然后博文约礼也。若把这天理不放下,相似把一个空底物,放这边也无顿处,那边也无顿处,放这边也恐攧破,放那边也恐攧破。这天理说得荡漾,似一块水银,滚来滚去,捉那不着。又如水不沿流溯源,合下便要寻其源,凿来凿去,终是凿不得。(《答廖子晦》)

又曰:

道不是有个物事闪闪烁烁在那里。(同上)

此处所谓天理,所谓道,也如所谓心体,皆即朱子所谓闪闪烁烁在那里,可以为人一眼瞥见者。此一观念,禅宗时代最为盛行,此乃当时宗教经验中之一种境界,其详非本篇所能述。后儒不免承袭此见,欲将禅宗要求清净摆脱的一种宗教经验应用于人世间一切事事物物之对付,则宜有所扞格而难通矣。亦有时转称此种境界为未发之中,未发之中还是指心体,也即是指天理,指道也。朱子亦不认可此说。故曰:

盖其病根,正在欲于未发之前求见于所谓中者而执之。是以屡言之而病愈甚。(《中庸或问》)

又曰:

且一有求之之心，则是便为已发，固已不得而见之，况又从而执之，则其为偏倚亦甚矣。又何中之可得乎？且未发已发，日用之间，固有自然之机，不假人力。方其未发，本自寂然，固无所事于执。及其已发，则又当即事即物，随感而应，亦安得块然不动而执此未发之中耶？

朱子意，已发未发，内外动静，本是一贯。人心是一件活东西，如流水般，不能硬捉某一时刻的心态作为本体，把来应付一切。其斥象山为禅学，重要便在此处。故曰：

操存只是教你收敛，教那心莫胡思乱想，几曾捉定有一个物事在里。

又曰：

不是块然守定这物事，在一室关门独坐，便可以为圣贤。自古无不晓事底圣贤，亦无不通变底圣贤，亦无关门独坐底圣贤。圣贤无所不通，无所不能，那个事理会不得，所以圣贤教人要博学。

朱子并不是不主张将此心操存收敛，只是操存收敛了好将来理会事，博学。并不是操存收敛了便可不理会事，不须博学，而自能泛应曲当。或人问欲求大本以总括天下万事，曰：

江西便有这个议论，须是穷得理多，然后有贯通处。

朱子只不认有这样一个心体，可以为人一眼瞥见，把来在凡事凡物上应用。因此也不认有这样一个大本大原，可以总括天下万事。总之朱子不认有那样一条简捷的路，一走上便可行所无事。因此朱子又不信有病根之说。病根也如言本体。本体一到手，万事顺心。病根一祛除，也可同样不再有问题。或言常陷于粗率，无精密之功，不知病根何在？朱子曰：

要讨甚病根。但知到粗率，便是病在这上，便更加仔细便了。今学者亦多来求病根，某向他说，头痛炙头，脚痛炙脚。病在这上，只治这上便了，更别讨甚病根也。

朱子不喜说病根，又不喜说本原，总之是不喜说此心之全体，像一件物事般完整安顿在那里，可仗以应付一切也。故曰：

来书云，事事物物皆有实理，如仁义礼智之性，视听言动之则，皆从天命中来，须知颜曾洞见全体，即无一不善。此说虽似无病，然详其病脉，究其意指，亦是以天命全体者为一物之浑然，而仁义礼智之性，视听言动之则，皆其中零碎渣滓之物，初不异于前说也。至论所以为学，则又不在乎事事物物之实理，而特以洞见全体为功，凡此似亦只是旧病也。且曰洞见全体，而后事无不善，则是未见以前，未尝一一穷格，以待其贯通，而直以意识想像之耳。（《答廖子晦》）

洞见全体，直是一种意识想像，朱子最不喜言。读者必疑既如此，则朱子在《大学格物补传》上何以又说我心之全体大用乎？当知朱子所谓我心之全体，只指在事事物物上穷格后的一种会通，并非如有一物焉可以使人洞见。更不曾说待洞见此体了，便可以应万事万物而曲得其当也。在当时心学者所言之心体，朱子则仅认为是此心一时之用。并不能仗此一时之用作为把柄，横用竖用，惟我所使。此为朱子论心体的真意见。朱子论心体处既明，则其论工夫处自可迎刃而解。故曰：

> 性命之理虽微，然就博文约礼实事上看亦甚明白。正不须向无形象处东捞西摸，如捕风系影。用意愈深，而去道愈远也。

朱子不喜悬空意识想像，于无形象处捞摸，而主从实事上看。故曰：

> 承以家务丛委，妨于学问为忧，此固无可奈何者。然亦只此便是用功实地。但每事看得道理，不令容易放过，更于其间见得平日病痛，痛加剪除，则为学之道何以加此。若起一脱去之心，生一排遣之念，则理事却成两截，读书亦无用处矣。但得少间隙时，不可闲坐说话过了时日，须偷些小工夫，看些小文字，穷究圣贤所说道理，乃可以培植本原，庶几枝叶自然张旺。（《答陈肤仲》）

此即象山在人情物理上做工夫,阳明事上磨练之说也。又曰:

> 天下万事都是合做底,而今也不能煞定合做甚底事。
> 只自家日用间看甚事来便做工夫,今日一样事来,明日又一
> 样事来,预定不得。

又曰:

> 如遇一件事,且就这事上思量合当如何做,处得来当,
> 方理会别一件。

此即阳明今日格一件明日格一件之说也。学者工夫只有如此,
故曰:

> 学者工夫,只如《易传》所说,知其不善则速改以从善,
> 此是要约处。若说须要识得端倪而心体可识,则却是添却
> 一事也。穷理之学,只是要识得如何为是,如何为非,事物
> 之来,无可疑惑耳。非以此心又识一心,然后为穷理也。
> (《答王子合》)

然则学者用工,不在求识心体,而在识得事物之是非。所谓事物
是非,即是天理。此说亦陆王心学之所同。或问象山先生之学
自何处入。曰:不过切己自反,改过迁善。阳明曰:一点良知,是
尔自家准则,只实实落落依着他,善便存,恶便去。此等说法,全

与朱子一般。若循此下工夫，便已是知行并进。故曰：

> 知与行须是齐头做，方能互相发。程子曰：涵养须用
> 敬，进学则在致知，下须字在字，便是要皆齐头著力，不可道
> 知得了方始行。

此等语，与阳明即知即行之说更相似。而其实更重要处则仍在
知的一边。故曰：

> 也缘知得不实，故行得无力。

又曰：

> 人之所以懒惰，只缘见此道理不透，所以一向提掇不
> 起。若见得道理分明，自住不得，岂容更有懒惰时节。(《答
> 刘季章》)

此即阳明不行只是不知之说也。可见凡论工夫处，朱子并不与
陆王分别。但此心如何知，阳明则提掇良知二字，谓此心自然能
知。而良知如何到手，则在后来王学，便多流入心本体底老窠臼
中，仍不免要去捞摸那无形象的东西。朱子则认为心固自然能
知，也须有一番从旁赞助工夫。故曰：

> 万理虽具于吾心，要使他知始得。今人有个心在这里，

只是不曾使他去知许多道理，少间遇事，做得一边，又不知那一边，只成私意。

心须使他知，便须向外到事物上去。若牢守此心在这里，又知什么。朱子又说：

> 人心惟定则明。所谓定者，非谓定于这里，全不修习，待他自明。惟是定后却好去学。

此处有两层，第一要使有个心在这里。所谓有个心在这里者，只是要此心不走作，不走作即是定。如何常使有这个心而不走作，能定，此即所谓主敬涵养。有此一番工夫，此心始可有知。故曰：

> 今于日用间空闲时，收得此心在这里，截然，这便是喜怒哀乐未发之中，便是浑然天理。事物之来，随其是非，便自见得分晓。是底便是天理，非底便是逆天理。常常恁地收拾得这心在，便如执权衡以度物。

此犹阳明良知即天理之说也。如何能收得此心在这里截然，则便是敬。故曰：

> 敬只是提起此心，莫教放散。恁地则心自明。这里便穷理格物，见得当如此便是，不当如此便不是，既是了，便行

将去。

又曰：

> 先贤之意，盖以学者不知持守，身心散漫，无缘见得义
> 理分明，故欲其先且习为端庄整肃，不致放肆怠惰，庶几心
> 定而理明耳。程子云，主一无适，只是持守得定，不驰骛走
> 作之意。(《答方子实》)

居敬工夫则乃合内外而兼动静者。故曰：

> 自早至暮，有许多事，不成说事多扰乱我，且去静坐。
> 敬不是如此。若事至前，而自家却要主静，顽然不应，便是
> 心都死了。无事时敬在里面，有事时敬在事上。

又曰：

> 只虚著此心，随动随静。无时无处不致其戒谨恐惧之
> 力，则自然主宰分明，义理昭著。然著个戒谨恐惧四字，已
> 是压得重了。要之只是略绰提撕，令自省觉，便是工夫。
> (《答潘子善》)

这里说敬字工夫及体段最分明，最恰切。敬有似于戒谨恐惧之
意，但著戒谨恐惧字，已嫌压得重了。敬只是略绰提撕，令自省

觉。故曰：

> 人之为学，千头万绪，岂可无本领。此程先生所以有持
> 敬之语。只是提撕此心，教他光明，则于事无不见。久之自
> 然刚健有力。

可见敬只是略绰提撕，教人在心上用这一些子工夫，极轻松，极
微妙，只教此心不走作，不散漫，便得。人当闲暇无事时，此心最
易走作，最易散漫，便最可验敬字工夫。朱子曰：

> 静坐而不能遣思虑，便是静坐时不曾敬。敬则只是敬，
> 更寻甚敬之体。似此支离，病痛愈多。（《答熊梦兆》）

此条说敬字工夫最明豁，最斩截。敬则只是敬，更寻甚敬之体。
一说到敬之体，便又在捞摸那无形象的东西了。一语明净，葛藤
全断。后人却偏要说敬是心之体，总之舍不得一体字，舍不得那
闪闪烁烁没形象没捞摸的东西。朱子讲心学最着精神处亦即在
此。故曰：

> 此心自不用大段拘束他，他既在这里，又问向那里讨
> 他？要知只争个醒与睡着耳。

醒的人只是心在这里，能省觉，那便够了。不须再从此深入去寻
探那能醒觉之体，来当宝贝玩弄。敬只是略绰提撕，令常自省

觉，教此心不散漫，不走作，如人常醒着莫昏昏睡了。故敬字工夫并不藏有神妙，并不可专恃他来应付一切。故曰：

> 苟不从事于学问思辨之间，但欲以敬为主，而待理之自明，则亦没世穷年而无所获矣。（《答程正思》）

这是何等直截语？如此则居敬了还须穷理，穷理尤贵博学，这一层已在上文讲过。今试再加浅譬，如人醒时，自能应付事物，此固不错。但人在醒时能应付事物者，此仅人心一时之用，却不能硬把握此一刻，认为心体，而说只求醒了，此心在此，便自能应付一切。当知人在醒时之应付一切，则仍自有工夫在。此理本极明显。朱子所谓居敬，只要此心常常觉醒。朱子所谓穷理，则要人将此醒觉的心来好好应付外面事物。我们却不该说朱子在这上便犯了支离务外之病。朱子曰：

> 人之喜怒忧惧，皆是人所不能无者，只是差些便不正。所以学者便要于此处理会，去其恶而全其善。今只说一个心，便都道是了，如何得？

在朱子意，只教人根据当下此心来下工夫，不许人认当下此心为全都是了。此在王门便是所谓现成良知，现成良知本来靠不得，即王门后学亦知之，惟朱子并不肯认有所谓到家十足的良知，教人凭此来应付一切，则又是朱子与王学之异。故朱子曰：

善端之发，慊乎吾心而合于圣贤之言，则勉励而行之。邪志之萌，愧于吾心而戾于圣贤之训，则果决而速去之。大抵见善必为，闻恶必去，不使有顷刻悠悠意态，则为学之本立矣。异时渐有余力，然后以次渐读诸书，旁通当世之务，盖亦未晚。（《答林伯和》）

不使有顷刻悠悠意态，便是敬。以此诲示学人，亦何尝不易简，不亲切。惟朱子既云善端之发，一边说慊乎吾心，一边又兼说合于圣言，必把圣言吾心双提并重，这里又与心学不同。孟子道性善，言必称尧舜，亦何尝不双提并重。圣人我之同类，而又先得我心之所同然，高谈心学而讳避圣言，终不免规模窄狭，强分内外，自限心量之所至。惟既分圣言与吾心而两言之，则终不免偏轻偏重之分。朱子曰：

子静只是拗。伊川曰，惟其深喻，是以笃好，子静必要好后方喻。看来人之于义利，喻而好也多。若全不晓，又安能好。然好之则喻矣，毕竟伊川说占得多。

喻而后好，偏在由外入内。好后则喻，偏在由内及外。人心爱好的便易懂，懂了便易爱，两面循环，并不是定由一面向一面。朱子定说伊川说占得多，还是偏重讲学过于践履。象山鹅湖之会，曾欲询尧舜以前曾读何书，若远推到人文演进的源头上去，则应该象山说胜些。阳明亦云：

> 人必有欲食之心,然后知食。欲食之心即是意,即是行之始。(《答顾东桥书》)

此亦主张象山好后方喻也。今就人文演进之历程言,必先由人类之欲望及行动引出知识,并不是先有知识了,始生欲望与行动。此方面实是陆王理论较胜。但及人文演进已深,已经历了一个相当时期,人类种种经验和发明积累已多,人心本属相同,为何不承接这一分遗产,偏要深闭固拒,独自一人从头做起。所以陆王在理论上固是简捷,但引用到工夫上来,却反似径而实纡。因此他们要捏造出一个心体来逃避那种似径实纡的方法论。这一边程朱在工夫上,借圣言来作己心之参考,却是似纡反径。但在理论上,又要妆点出一个理先气后,则像是支离了。所以就人文源头处说知行本体,则陆王之言为是。就日常实际说修习轨辙,则朱子之论为允。此处仍只是尊德性道问学各是偏了的一番老话。东莱柬朱子亦曰:"子寿前日经过,留此二十余日,幡然以鹅湖前见为非,甚欲着实看书讲论。又答邢邦用,谓讲贯诵绎,乃百代为学通法,学者缘此支离泛滥,自是人病,非是法病。见此而欲尽废之,正是因噎废食。然学者苟徒能言其非,而未能反己就实,泛泛汩汩,无所底止,是又适所以坚彼之自信也。"此言最持平。清儒颜习斋力斥朱子讲诵之教,乃其弟子李恕谷便不能恪遵师训,得失可见。

朱子既主讲学,于是有先立定本之说。定本者,如孟子道性善,言必称尧舜,尧舜即性善之定本。朱子曰:

教人恐须先立定本，却就上面整顿，方始说得无定本底道理。今如此一概挥斥，其不为禅学者几希。（《答吕伯恭》）

可见朱子也并不主张死守在定本上，只从定本渐企无定本。譬如写字临帖，渐渐脱化。若全没有一定本，甚难写好字。照理论，应该先有字，后有帖。照方法，不妨临着帖，来写字。写字固须性灵，但在性灵上无多说话，故朱子说的却不免多偏在教人临帖的工夫上。故曰：

讲学不厌其详。凡天下事物之理，方册圣贤之言，皆须仔细反复究竟。至于持守，则无许多事。若觉得未稳，只有默默加工，着力向前耳。今闻废书不讲，而反以持守之事为讲说之资，是乃两失其宜。下梢弄得无收杀，只成得杜撰捏合而已。（《答刘公度》）

持守并非不重要，只无多话待讲说。照上面所引，只略绰提撕便得。以下却尽有事，不可空空持守。阳明晚年提出必有事焉之教，戒人莫空锅煮饭。心学流弊，却在持守上过分看重，遂将此下许多事搁置。如江右王门，依旧是空锅煮饭也。或问致知后须持养方力行，朱子曰：

如是则今日致知，明日持养，后日力行。只持养便是行，正心诚意，岂不是行。但行有远近，治国平天下，则行之远耳。

此处见阳明即知即行一番话,也有语病。若论人文演进初期,以及孩提之童的身上,即知即行并不错。但到人文演进已深,以及长大成人的身上,则一切事复杂了,哪能今日知到这里,今日便行到这里。此如治国平天下,朱子所谓行之远者,却不能说讲学与践履无大间隔,此处正须有讲学准备。适苍莽者三飡而反,腹犹果然。适百里者宿舂粮,适千里者三月聚粮。近行则知行不隔,远行则知行渐离。人文演进到复杂的文化社会,人生脱离孩提到大人年岁,这便是行渐远了。若一切事还是即知即行,不许讲学与践履稍稍分开,则终不免太急促,无徊翔余地。但人类一到复杂境地,却易把原初从来处忽略了,那则毛病也够大。陆王发明心学,到底在人生哲学上不失为一种大贡献,但朱子在此处实也并没有忽略过。故曰:

> 且须虚心涵泳,未要生说。却就日用间实下持敬工夫,
> 求取放心,然后却看自家本性之是善与不善,自家与尧舜原
> 是同与不同。若信得及,意思自然开明,持守亦不费力。
> (《答周舜弼》)

此等语,与陆王分别甚微。只在入门下手处,虚心涵泳,未要生说,较之陆王似转多添了一层。正是先立定本,喻之乃好,践履之外又重讲学,必如此乃能扩大心量,直达圣境。所以朱子说话,虽若回环往复,实是盛水不漏。但朱子一切话,尽是脚踏实地,一些也不放松,所以爱玄虚,务高明的,往往不喜。或问向来所呈"与点"说一段何如,朱子曰:

> 某平生不爱人说此话。《论语》一部，自"学而"至"尧曰"，都是做工夫处。不成只说了"与点"，便将许多都掉了。……若都掉了，只管说"与点"如何，如吃馒头，只撮个尖处，不吃下面馅子，许多滋味都不见。

《论语》与点一章，正是当时言心学者认为指点心体一个最好榜样。人人多心向往之。朱子却譬他是一个馒头尖。并不是说馒头尖不在馒头上，但若只吃馒头尖，便吃不到整个馒头的真味，而且也吃不饱。我尝说，一部中国中古时期的思想史，直从隋唐天台禅宗，下迄明代末年，竟可说是一部心理学史，问题都着眼在人的心理上。只有朱子，把人心分析得最细，认识得最真。一切心学的精彩处，朱子都有。一切心学流弊，朱子都免。识心之深，殆无超朱子之右者。今日再四推阐，不得不认朱子乃当时心理学界一位大师也。

　　　　　此文一九四八年一月初稿，七月改定，

　　　　　刊于是年十月南京《学原》二卷六期。

朱子学术述评

　　我们若把宋学演进勉强拟之佛学，则初期宋学如小乘，濂溪横渠如大乘空有二宗，二程如台禅诸家，到南渡后的第三期宋学，便要到和合一切与扫荡一切的时代。朱子是和会一切者，象山是扫荡一切者，若谓朱子如宗密，则象山是马祖。

　　朱子学说，规模极阔大，其思想头绪又极繁复，自来号为难究。窃谓欲治朱子思想，当分数要端。首在详密排比其思想先后之演变，此项工作，固需精严考订，然尤要者在能有哲理之眼光。否则仅赖考订，犹不足以胜任而愉快，如清代王懋竑《朱子年谱》是也。其次在通观朱子对于并世诸家之批评意见而加以一种综合研究。学者多知朱陆异同，然朱子并非仅与陆异，并世诸家如张南轩吕东莱陈止斋薛艮斋陈龙川叶水心等，朱子皆有往复评骘，必通观此诸异同，而后朱子自己思想之地位乃始跃然呈露。然朱子在学术思想史上贡献最大而最宜注意者，厥为对儒家新道统之组成。道统观念，本由释氏，隋唐间台贤诸家皆有传统，不独禅宗也。韩愈《原道》，始为儒家创传统。下及北宋初期,言儒学传统,大率举孔子孟荀以及董仲舒扬雄王通韩愈。惟第二期宋学则颇已超越董扬王韩,并于荀卿亦多不满,朱子承之,始确然摆脱荀卿董扬以下,而以周张二程直接孟子,第二期宋学始确然占得新儒学中之正统地位。此为朱子第一大贡献。关于此方面之著作,最著者为《近思录》。

其次朱子又于孔孟之间增入曾子子思两传,而有孔曾思孟四书之汇集,此即《论语》《大学》《中庸》《孟子》是也。《论》《孟》自来为儒学所尊,《中庸》起于秦代,其书融汇儒道思想,与《易·系辞传》相先后。南北朝释道思想盛行,《中庸》《易系》即为时所重。唐李翱《复性书》远开宋代新儒学之先河,其篇中理论即据《中庸》。释氏如天台宗等治《中庸》者亦盛。北宋初期诸儒皆于此书颇极重视,张横渠初谒范文正,即劝其读《中庸》。《大学》则由二程始特推尊,故曰程门专以《大学》《西铭》开示学者,至朱子遂汇《学》《庸》《论》《孟》成一系统,并以毕生精力为《论》《孟》作集注,《学》《庸》作章句。元明以来迄于清末七百年朝廷取士,大体以朱注四书为圭臬,学者论学亦以朱注四书为准绳。朱子注四书,正犹孔子修六经。孔子修六经,未必有其事,而朱注四书则其影响之大,无与伦比。此为其第二大贡献。

朱子第三大贡献,在其对经学地位之新估定。先秦儒学虽原本经术,但儒学与经学毕竟不同。两汉博士始把经学替代了儒学。此一风气,直到唐人未能改。宋儒始渐渐从经学中摆脱来复兴儒学,朱子乃此一绩业之完成者。他对诸经有许多极精警的意见,他说:

《易》非学者急务也。某平生也费了些精神理会《易》
与《诗》,然得力则未若《语》《孟》之多也。《易》与《诗》中
所得,似鸡肋焉。(《语类》一○四)

又说:

《诗》《书》是隔一重两重说,《易》与《春秋》是隔三重
四重说。《春秋》义例,《易》爻象,虽是圣人立下,今说者用
之各信己见……但未知曾得圣人当初本意否?且不如让渠
如此说。……今欲直得圣人本意不差,未须理会经,先须于
《语》《孟》中专意看他。

又说:

《书》中可疑诸篇,若一齐不信,恐倒了六经。(《语类》
七九)

朱于此种见解,黄东发《日钞》里曾有一段批评说:

朱子谓《易》本卜筮,谓《诗》非美刺,谓《春秋》初不
以一字为褒贬,皆旷世未闻之高论,而实皆追复古始之正
说。乍见骇然,熟辄心靡。卓识雄辨,万古莫俦。(《日钞》卷
三十八)

此真说出了朱子治经学的真贡献。他的《周易本义》，说《易》为卜筮书，较之王辅嗣程伊川注《易》，更多开明。他的《诗集传》，全用后代文学集部眼光来解说《诗经》，更为脱净前人窠臼。他对《尚书》，早已疑及今古文之不同，远开将来清儒门路。他亦认《尚书》为一部古史，其间有关上古天文历法地理制度以及种种名物，全需专家智识来整理，所以他把《书集传》的工作让他门人蔡沈去完成。朱子对于孔子《春秋》也只认为是一部通史。史学应该注重近代，在孔子时修史，自然偏重春秋时代，在后世则不应仍是看重《春秋》。因此朱子把司马光《通鉴》来代替《春秋》，而他有意来写一部《纲目》。他把司马光《通鉴》当作《左传》，自己的《纲目》则是一部新《春秋》，这又是一种极大胆而极开明的见解。他对于《礼》的一部分，也认为古礼不能行于后代，而制礼作乐则不属社会私人事业，故他只有意写一部《家礼》。这样，在他手里，把自汉历唐，对古代经学的尊严性与神秘性全剥夺了，而重新还他们以应得之地位。后来阳明六经皆史的理论，其实在朱子已透切发挥了。从此以下，四子书占踞上风，五经退居下风，儒学重新从经学中脱出，这是朱子第三大贡献。

以上三点，都从学术史上着眼。若说到朱子的思想，则他的最大贡献，不在其自己创辟，而在能把他理想中的儒学传统，上自五经四书下及宋代周张二程完全融成一气，互相发明。在朱子的见解上，真是"先圣后圣，其揆一也"。他在中国思想史里独尊儒家，在儒家中又为制成一系统，把他系统下的各时代各家派，一切异说，融会贯通，调和一致，此非朱子气魄大，胸襟宽，条理细密,而又局度开张,不能有此成就。孟子称孔子为集大成,此层无可细说。至于朱子确是集孔子以下儒学之大成,这是朱子第四大贡献。

但是朱子思想之真实精神,实际上还是承袭伊川,最显著者莫如他的《大学格物补传》,此乃沿袭伊川集义致知的见解而来。《大学》是程门新经典,朱子《大学章句》首引:

> 子程子曰:《大学》,孔氏之遗书,而初学入德之门也。于今可见古人为学次第者,独赖此篇之存,而《论》《孟》次之。学者必由是而学焉,则庶乎其不差矣。

《大学》既如此重要,而程朱相传皆认古本《大学》有错简,有脱文。最重要者在《大学》八条目的开始第一步工夫,即所谓“致知在格物”者,亦不幸有脱文而其义已失,朱子乃特为之补上。其文曰:

> 右传之五章,盖释格物致知之义,而今亡矣。间尝窃取程子之意以补之。曰:所谓致知在格物者,言欲致吾之知,在即物而穷其理也。盖人心之灵莫不有知,而天下之物莫不有理,惟于理有未穷,故其知有不尽也。是以《大学》始教,必使学者即凡天下之物,莫不因其已知之理而益穷之,以求至乎其极。至于用力之久,而一旦豁然贯通焉,则众物之表里精粗无不到,而吾心之全体大用无不明矣。此谓物格,此谓知之至也。

此即有名的所谓朱子"格物补传"。学者入德必由《大学》，而《大学》始教又在格物，则岂非格物便成了学者为学第一步最基本的工夫。但古人格物义已亡失，今朱子却云推本程子意补之，此无异俗云偷天换日，使后世学者自以为是遵循孔门，而实际乃依照程朱。但在朱子则并非有意作伪或假托。《四书集注》乃其毕生精力所萃，直至七十二岁临死那一日，还修改了《大学章句》里的诚意章。在朱子心里，彼实深见其理之当然，而成为一种近于宗教性的信仰。此等境界，不当用后代考据家意见来责备。

后人批评朱子《格物补传》最重要的意见，称为朱子乃主一种心理两分说。所谓理者，有物理，有事理。朱子注《大学》格物说：

> 格，至也。物，犹事也。穷至事物之理，欲其极处无不到也。

此显然主要是指事理，但有时亦指物理，所谓"一草一木亦皆有理，都须格"是也。今若谓物理吾心非一是二，此犹易说。若谓事理吾心判为两事，则义难圆成。当知朱子的心理两分说，还是根据程子心性分别的见解而来。《玉山讲义》，乃朱子晚年意见，他说：

> 大凡天之生物，各付一性。性非有物，只是一个道理之在我者耳。故性之所以为体，只是仁义礼智信五字，天下道

理无不出于此。后世之言性者多杂佛老,所以将性字作知觉心意看了,非圣贤所说性字本指也。(《文集》卷七十四)

此处朱子将性心分开说,似与孟子论性原旨有背。孟子说:恻隐之心,仁之端也,只说从恻隐之心推扩出去便是仁,故恻隐之心便是仁之端。言端者,犹云火之始然,泉之始达,恻隐之心便是仁道之开端也。如此便见性善。所谓性善,只是善之端由于人性,而人性则由人心而见。朱子说:

> 谓之端者,犹有物在中而不可见,必因其端绪发见于外,然后可得而寻。(《玉山讲义》)

如此则成为仁(即性)居人心中不可见,因恻隐之端绪发见在外而后可见。如此则由仁之性发出恻隐之心来,性是内在之本,心只是外显之末,不免要教人由外在的端绪(心)向内寻索,而识其性,而非教人由内心的端绪向外推扩,而达于仁,岂不与《孟子》原意相背?明道论心,重存养过于重推扩,伊川则主性中只有仁义,那有孝弟,朱子承之,遂似把《孟子》文义曲解了。又《孟子》"尽其心知其性也,知其性则知天矣"章,明说尽心始可知性,知性始可知天,但朱子《集注》又倒说了。他说:

> 心者,人之神明,所以具众理而应万事者也。性则心之所具之理,而天又理之所从以出者也。人有是心,莫非全体,然不穷理,则有所蔽而无以尽乎此心之量。故能极其心

之全体而无不尽者，必其能穷夫理而无不知者也。既知其
理，则其所从出亦不外是矣。以《大学》之序言之，知性则
物格之谓，尽心则知至之谓也。

根据朱子此节注文，极看重人心，确是《孟子》原意，但主先穷理
然后可以尽心，则与《大学格物补传》相一致。《孟子》原意，要
人把自己此心恻隐羞恶诸端向外推扩尽致，则自然可以知性。
并非说知性了始可尽心，更非说穷理是知性工夫，此处可见朱子
与孟子意见有异，在其下工夫处，一内一外，正相倒置。关于此
层，明道所解尚不甚误。明道云：

> 心也性也天也，一理也。自理而言谓之天，自禀受而言
> 谓之性，自存诸人而言谓之心。

明道本有主心即理的倾向，故此处言之甚浑括。但伊川晦庵则
力主性即理，看心只是一个知觉灵明，于是遂与明道有歧。此在
伊川晦翁亦有他们用意所在。朱子曾说：

> 释氏专以作用为性，在目曰见，在耳曰闻，在鼻齅香，
> 在口谈论，在手执捉，在足运奔。且如手执捉，若执刀胡
> 乱杀人，亦可为性乎？龟山举庞居士云，神通妙用，运水搬
> 柴，以比徐行后长，亦生此病。不知徐行后长，乃谓之弟，如
> 曰运水搬柴即是妙用，则徐行疾行，皆可谓之弟耶？（《语类》
> 三十六）

又说：

> 知觉之理是性，所以当如此者。释氏不知。他但知知
> 觉，没这理。

又引上蔡云：

> 佛氏所谓性，正圣人所谓心。

朱子这一番辨论极重要，正如后人所谓儒释疆界，这是宋儒所力
求异于释氏处，若就此一方面看，伊川朱子分辨心性，不得不谓
其较孟子更深入，更细到。而其最吃紧者仍在一理字。朱子
又云：

> 吾以心与理为一，彼以心与理为二。彼见得心空而无
> 理，此见得心虽空而万物咸备也。（《文集》卷五十六《答郑子上》）

释氏既主心空无理，所以只要认得此心便够。今既主心具众理，
则不得不于此众理上下工夫。这是朱子意见。佛学在宋代还极
流行，即程门高第，如谢上蔡游定夫杨龟山后梢皆入禅去。（此亦
朱子语。）朱子从此处分出儒释疆界，实不得谓其非一大贡献。

此处又牵涉到未发已发问题。伊川本云："善观者却于喜
怒哀乐已发之时观之。"但杨龟山一传为罗仲素，再传为李愿
中，却教人看喜怒哀乐未发之谓中，未发时作何气象，此岂非与

师门宗旨显相违背,这明明是禅学。朱子亲受学于李愿中,但朱子自始便怀疑李先生的教法。他说:

> 李先生为默坐澄心之学,只为李先生不出仕,做得此工夫。若是仕宦,须出来理会事。(《语类》二十三)

这是朱子从人的实际生活上来反对默坐澄心,这便是反对了杨龟山以下程门相传的为学入门工夫,便是反对了他师门嫡传宗旨。朱子此种精神,实大可佩服。朱子又有观心说,在纯粹理论上反对此种默坐澄心的工夫。他说:

> 佛者有观心说。夫心,一而不二者也,为主而不为客者也,命物而不命于物者也。故以心观物,则物之理得。今复有物以反观乎心,则是此心外之复有一心而能管乎此心也。此亦不待辨而审其言之谬矣。(《文集》卷六十七)

朱子反对佛家的观心工夫,其实亦是反对当时程门相传看喜怒哀乐未发以前气象的工夫,亦即是反对他老师李愿中的默坐澄心之学。但在朱子本身,此处亦似仍留一罅缝。朱子既说心具众理,则反观己心,岂不便成众理毕现?伊川说:“冲漠无朕,万象森然。”程门所以要默坐澄心,看喜怒哀乐未发以前气象者,正是要从冲漠无朕中看出万象森然来。以后阳明良知之学所谓见父自然知孝,见兄自然知弟,正为心具众理,故能因物而现。若物欲锢蔽,则姑自默坐澄心,即阳明始教亦然。今朱子既说心具众理,却又教人以心观物则物之理得,似乎又主张理在物不在心,此似朱子学说本身一大罅缝。但朱子意,须心与物交始见理,外了物,人心之理更于何见。所谓物之理得,乃是人处物之理,则物理主要乃事理。朱子意实未有罅缝,未可轻议也。

照孟子意,天地间一切道理,本由人心展衍而出。如人有恻隐之心,推扩出去便成仁的道理。人有羞恶之心,推扩出去,便成义的道理。一切道理,推求本原,全由我心,故曰万物皆备于我矣。这是说人生行为万般的标准,皆备在人心。又说尽心知性,尽性知天。可见性只是心,说心似属人为,说性则明属自然与天赋,故尽心可以知性知天也。程朱则倒转来说,因人心中有仁的道理,故能发出恻隐之心来。有义的道理,故能发出羞恶之心来。这些道理在心中者便叫性,故说性即理。故此等道理,虽在心中,而非即是心,故不许说心即理。心只是一个虚灵不昧之体,可以照察理,而非即是理。若定要说心即理,则佛家禅宗亦同一主张,何以辨其非乎?其实程朱关于性的见解,亦有些近似涅槃佛性。惟涅槃佛性是第一义空,所以此后台禅诸家主张明心见性即心即性者,便认心只是一个虚明灵知。心只是虚明灵知,适成其第一义空之性。此仍是佛义。若专从即心即性的见地上看,则台贤诸家又若转与孟子为近。惟孟子即心即性之心,兼包有情感,并不专指虚明灵觉。人心在虚明灵觉外,还有他自己的向往,自己的要求。若抹杀人心自己的向往要求,而只从其虚明灵觉处看,则仍是得半而失半,自然谈不上性善性恶。今程朱只以虚明灵觉言心,则不免沿袭了台禅诸家,但不肯认性为空,于是说成性是一个道理在心中。则试问此来入心中之理又是什么。这里便要折入西方哲学之所谓宇宙论与形而上学方面去，朱子在这一方面则把横渠尤其是濂溪的理论来弥缝二程之所缺。故欲求朱子立说本旨，实本孟子，而有些处乃不免与孟子有异也。

故论朱子思想，应可分为心性论与理气论之两部分，心性论承袭二程，理气论则补其缺陷。朱子说：

> 先有个天理了却有气，气积为质，而性具焉。（《语类》一）

此处理字气字，《孟子》书中皆未论及。则朱子言性处，自不能不与孟子有异，亦自可见。朱子又说：

> 理气本无先后之可言，然必欲推其所从来，则须说先有是理。然理又非别有一物，即存乎气之中，无是气，则是理亦无挂搭处。（又说：无此气，则此理如何顿放。）

又说：

> 不可说今日有是理，明日却有是气。也须有先后。且如万一山河大地都陷了，毕竟理却在这里。

又说：

> 所谓理与气，此决是二物。但在物上看，则二物浑浑，

不可分开各在一处。然不害二物之各为一物也。若在理上看，则虽未有物，而已有物之理，然亦但有其理而已，未尝实有其物也。(《文集》卷四十六《答刘叔文》)

朱子此种理气论，不可谓其是理气二元论，而应称之为理气之混合一元论。乃在一元中不可不分此理气二物耳。其实此等理论，亦深受佛说尤其是贤首宗的影响。或人问万物各具一理，而万理同出一源，朱子曰：

释氏云：一月普现一切水，一切水月一月摄，这是那释氏也窥见得这些道理，濂溪《通书》只是说这一事。(《语类》十八)

这是朱子自己说他理论同于释氏也。其实朱子所谓理，仍近于释家之涅槃佛性，惟涅槃佛性是第一义空，是寂灭，而朱子之理则是实在，是生与有之所以然。此是朱子有意融释归儒，故如此说之。故朱子此番理论，实是极费分释，非可一言而解。第一、理虽是一实在，而必挂搭于气，不能独立自存。第二、理虽为生与有之所以然，但他只是一种规范而并无力量，只能主宰气，不能推动气。如此则理乃是一没气力的偏于静定一边的东西。所以说：

气则能凝结造作，理却无情意，无计度，无造作。只此气凝聚处，理便在其中。(《语类》·)

又说：

> 理只是个净洁空阔底世界，无形迹，他却不会造作。气
> 则能酝酿凝聚生物也。但有此气，则理便在其中。(同上)

故若将朱子的理气分作两物看，则将全不成物，亦无此心。故
知朱子言理气，其实是混合之一体，而在此一体中，乃有理气
可分。朱子气的观念，全近道家。道家亦认一气运行中有自
然条理，理亦只是自然，人须刳心去智，无作无为，始能合此自
然。今朱子则认理与气别，说他是个洁净空阔底世界，又说，
山河大地都陷了，理毕竟却在，故知其说近于佛氏之涅槃佛
性，而与道家自然之理不同。在朱子实是会合道释以归之于
儒，而自创其一番宇宙论，故非道非释，而亦不免与孔孟有
异也。

明白了朱子的理气论，便更易明白朱子的心性论，此在朱子
思想中本是一脉贯通也。朱子说：

> 天下无无性之物，盖有此物则有此性，无此物则无此
> 性。(《语类》四)

此处物即是气，性即是理。朱子《四书集注·孟子·告子》篇
有云：

> 性者，人之所得于天之理也。生者，人之所得于天之

气也。性形而上者也，气形而下者也。人物之生，莫不有
是性，亦莫不有是气。然以气言之，则知觉运动，人与物
若不异也。以理言之，则仁义礼智之禀，岂物之所得而
全哉。

此处性气两分，正犹《大学格物补传》之心理两分，实为朱子学
说之中心主干。朱子常说理挂搭在气上，又说，性是一物在心
中。性即理，心即气，性在于心，即是理附于气之比。朱子看的
理，既是一个没气力的理，因而朱子看的性，亦是一个无生命的
性，同样不能自动的发出行为与变化来。朱子又说：

心便是官人，性便是合当做底职事，气质便是官人所习
向，或宽或猛。情便是当厅处断事。(《语类》四)

此处证明朱子看性，只是一个没气力而近于静定一边的物。为
之作主者是此官人。若此官人不尽职，不做此合当做的事，谁也
对他没奈何。一切责任，全在官人自身。处断事的又只是情不
是性，如此，则性的功能岂不全落空了。但性亦实非落空。因性
是一物在心中，惟此物乃是形而上的。若无此物，则不成为心，
如没有职事，便不成为一官人也。朱子又说：

性者心之理，动者是情，主宰是心。(《语类》五)
人多说性方说心，看来当先说心。(《语类》五)

然则朱子纵不肯言心即理，但极看重此心。后人又分陆王为心学，程朱为理学，实则朱子看重心，乃决不逊于陆王也。朱子又说：

> 天地若无心，则须牛生出马，桃树上发李花，……心便是他个主宰处。（《语类》一）

又说：

> 天下之物，至微至细者亦皆有心，只是有无知觉处尔。且如一草一木，向阳处便生，向阴处便憔悴，他有个好恶在里。（《语类》四）

是朱子又把心推扩到宇宙万物，说其莫不有心，但又不是唯心的一元论。朱子学说之所当详细分说者正在此。

因此朱子有时也像颇有主张心即理说之倾向。或问：理是道理，心是主宰底意否？朱子说：

> 心固是主宰底意，然所谓主宰者即是理也。不是心外别有个理，理外别有个心。

如此则岂不明明成了心即理，但从朱子思想之大体看，则朱子只肯明白说性即理，又说性是一物在心中，不肯说心即理。故今亦只能说朱子是主张心性混合之一元，一如其主张理气混合之一元也。然朱子之重视心工夫心主宰，乃在人生论上，所以直承孔孟之处。至其必认性在心之先，则绳之以近代生物学知识，而诚见其实然，不得不谓其较孟子为尤允惬也。

到此，我们可以继续讲朱子的格物穷理论。朱子虽主张万物同出一源，但又说：

> 道理散在事物上，却无总在一处底。（《语类》一百二十）

所以说：

> 天下岂有一理通，便能万理皆通，他须积累将去。（《语类》十八）
>
> 积累多，自当脱然有贯通处，乃是零零碎碎凑合将来。（同上）

零零碎碎的凑合，这是朱子格物穷理精神。所以说：

> 大体只是合众小理会成。今不穷理，如何便理会大体。（《语类》二五）

朱子不主张径去理会大体，只教人从众多小理处穷究。故云：

> 万理虽只是一理，学者且要去万理中千头万绪都理会，四面凑合来，自见得是一理。（《语类》一·七）

朱子教人从"万个道理四面凑合来"，此是朱子之知识论。知识则决然是积累凑合的。所以他说：

> 大而天地阴阳，细而昆虫草木，皆当理会。一物不理会，这里便缺此一物之理。（同上）

又说：

> 天下无书不是合读底，无事不是合做底。若一个书不读，这里便缺此一书之理。一件事不做，这里便缺此一事之理。（同上）

上引各节，应与《大学格物补传》合看。朱子虽在《格物补传》上说有豁然贯通之一日，然并非说贯通以后即不再要做穷理工夫。当知尽管贯通，依然还要穷格。少穷一物，便少知一物之理。在此朱子有他更紧要的说明。他说：

> 论万物之一原，则理同而气异。观万物之异体，则气犹相近而理绝不同。（《文集》卷四十六《答黄商伯书》）

可见朱子所重，固在理的一原，而更要在理的绝不同处。此是朱子格物穷理论之精神。亦见朱子决不主唯理一元，而是主理气混合之一元也。

朱子论理如此，论性亦然。他说：

性如日光,人物所受之不同,如隙窍之受光有大小也。
(《语类》四)

又说:

人物性本同,只气秉异。如水倾放白碗中是一般色,放
黑碗中又是一般色。(同上)

又说:

如一江水,你将勺去取,只得一勺。将碗去取,只得一
碗。至于一桶一缸,各自随器量不同,故理亦随异。(同上)

根据上述,可见朱子心中之人性,亦非全是一样,此所谓理一分
殊。朱子既注重在分殊,自然要使他的思想有些处像是更近于
荀子而较远于孟子。朱子主张凭借自己虚明灵觉之心来向外穷
理,亦与荀子近,与孟子远。但朱子在此上又添一曲折,他说心
具众理。说:

此心虚明,万理具足,外面理会得者,即里面本来有底。

此说却非荀子所有。但亦似非孟子意。只有释家,如云山河大
地尽是妙明心中物。但朱子又把理气分说,不主张万物在我心
中,而认万理在我心中,此是朱子与释家相异处。因心与物交必

见理。无心则理不见，因此既认万理在我心中，而又要向外寻求，故穷理必须格物。物无穷，斯理亦无穷，但却又全在你心里。理不能外心外物而自在。此是朱子思想。

惟其万理全具心中，故朱子于格物穷理之外又补上一番居敬工夫。此是朱子之紧承二程处。居敬穷理合说，则是其紧承伊川处。他说：

> 敬则万理具在。

此云万理具在，并不是说万理具现，故居敬而后可以穷理，并非即可以居敬代替穷理。朱子说：

> 凡学须要先明得一个心，然后方可学。譬如烧火相似，必先吹发了火然后加薪，则火明矣。若先加薪而后吹火，则火灭矣。（《语类》十二）

此处又颇似荀子，但毕竟仍与荀子异。朱子在此上又转到《中庸》已发未发的问题上去。朱子说：

> 今于日用间空闲时，收得此心在这里，截然，这便是喜怒哀乐未发之中，便是浑然天理。事物之来，随其是非便自见得分晓。便如执权衡以度物。

其实《中庸》本系荀子以后书，本可受荀子影响。《中庸》未发之中的理论,颇似从荀子书中脱胎。如云执权衡以度物,此只是心气中平,没有偏向,如所谓水静则见须眉也。但朱子又云浑然天理,此层却须分释。有人文理,有自然理,如仁义礼智信皆人文理,皆人性中所有,性具于心,故曰浑然天理。但有生物无生物各有性,其性与人性异。但求明此理,须待我虚明灵觉之心,故曰万理具足。以人文理判别自然理,故曰执权衡以度物。明此便知程朱只主性即理,不主心即理之意。心中万理具足,乃在其未发之中。此仍是伊川所谓冲漠无朕而万象森然也。欲求达此境界,则须居敬工夫。故必居敬而后可以格物穷理,但已与大程子所谓诚敬存之更有何事之意义不同。昔禅宗教人看父母未生以前本来面目,此乃要人悟到万法皆空的境界,所谓三界惟心,万法惟识,到底则只是一空。故朱子说"吾儒以性为实,释氏以性为空"也。知有性乃见实。若仅知有心,则无不归于虚矣。朱子别一处又说:

> 释氏虽自谓惟明一心,然实不识心体。虽云心生万法,而实心外有法。故无以立天下之大本,而内外之道不备。然为其说者,犹知左右迷藏,曲为隐讳,终不肯言一心之外别有大本也。若圣门所谓心,则天序天秩天命天讨恻隐羞恶是非辞让,莫不该备,而无心外之法。故孟子曰,尽其心者知其性也,知其性则知天矣。存其心,养其性,所以事天也。是则天人性命岂有二理哉。(《文集》卷三十《答张钦夫》)

朱子此文,颇见他言心与释氏别,仍属儒家传统。惟孔孟只就人生圈子内立论，谓人类百行众德，皆由人心自然倾向展衍而来。朱子则于人生外又添上一个气世界，必说物各一理，则已转入宇宙论方面去。故朱子之所谓理，已非孟子之所谓义理。孟子义理专指人事言，朱子则牵涉到宇宙物理上面去也。故朱子只肯说天即理，却不说心即理。朱子既要会合道释以归之于儒，问题复杂了，于是一切思辨亦不得不趋于复杂，故象山乃以支离讥之也。

现在再说到未发已发的问题，朱子在此上亦曾极费研寻。他最先则谓：

> 良心未尝不发。
>
> 人自有生即有知识，事物交来，应接不暇，念念迁革，以至于死，其间初无顷刻停息，举世皆然。（《文集》卷三十《与张钦夫》，又《宋元学案》卷四十八"中和说"一）

那是他主张程子"未发之前更如何求"，"善观者却于已发之际观之"的见解。但稍后他变了。他说：

> 日间但觉为大化所驱，如在洪涛巨浪之中，不容少顷停泊。盖其所见一向如是，以故应事接物处，但觉粗厉勇果增倍于前，而宽裕雍容之气略无毫发。（《文集》三十二《答张敬夫》，又《学案》"中和说"二）

又云：

手忙足乱，无着身处。(同上)

于是朱子又回头转到未发的存养方面来。他说：

> 人之一身，知觉运用，莫非心之所为，则心者，固所以主
> 于身而无动静语默之间者也。然方其静也，事物未至，思虑
> 未萌，而一心浑然，道义全具，其所谓中，是乃心之所以为体
> 而寂然不动者也。及其动也，事物交至，思虑萌焉，则七情
> 迭用，各有攸主。其所谓和，是乃心之所以为用，感而遂通
> 者也。然性之静也而不能不动，情之动也而必有节焉，是心
> 之所以寂然感通，周流贯彻，而体用未始相离者也。盖心主
> 乎一身而无动静语默之间，是以君子之于敬，亦无动静语默
> 而不用其力焉。未发之前是敬也，固已主乎存养之实，已发
> 之际是敬也，又常行于省察之间。……君子之所以致中和
> 而天地位万物育者在此而已。(《文集》卷三十二《答张钦夫》，又
> 《学案》"中和说"三)

这里朱子明认性为未发，情为已发，又用横渠心统性情之说，谓
心贯彻乎动静，动时省察，静时存养，即是程门敬字工夫，如此则
已发未发面面兼到。这里的问题，依然在性情分张，未发之性管
摄不到已发之情，故要把心来作主。增强心的作主力的便是敬，
敬里面又分静存动察，而格物穷理只偏在动察一边。若非有静
时存养工夫，则动时省察便易失错。于是便造成朱子居敬穷理
两面用功的理论。此即伊川涵养须用敬，进学则在致知说之变

相，但到朱子手里，却开展精微得多了。而朱子有时在此两边又有偏重静存一面的意向。他说：

> 未发之前不可寻觅，已发之后不容安排，但平日庄严涵养之功至，而无人欲之私以乱之，则其未发也镜明水止，而其发也无不中节矣。

又说：

> 向来讲论思索，直以心为已发，而日用工夫亦止以察识端倪为最初下手处，以故阙却平日涵养一段工夫，使人胸中扰扰，无深潜纯一之味。而其发之言语事为之间，亦常急迫浮露，无复雍容深厚之风。盖所见一差，其害乃至于此，不可以不审也。（《文集》六十四《与湖南诸公论中和第一书》，又《学案》"中和说"四）

从此遂产生后来阳明一派朱子晚年定论之争讼。总之，朱子在此方面，确曾下过一番深功夫。他最先颇像要摆脱当时向心用功的旧习，转换到向外事物方面去。但最后依然折回到老路上，而把此两面牵绾合一。一方面和会旧说，一方面开辟新趋，这是朱子之大气魄处，亦是朱子学说之所以头绪纷繁处。

清儒常以朱子与郑玄相拟，其实康成非晦翁之俦。以整个中国学术史观之，若谓孔子乃上古之集大成者，则朱子乃中古之集大成者。其包孕丰富，组织圆密处，朱子甚似孔子。孔子每好以相反相成之两字面来表达一观念或一境界，如言仁必言智，或言仁必言礼，又言礼必言乐之类。朱子亦常如此，如言理必及气，言心必及性，言穷理必及居敬之类。但其间却有一分别。孔子只就人心人事立论，令人当下有入手处。孔子的圆密是面面俱到，或是面面兼顾。朱子则以宇宙人生纠合在一起，他的思想似乎相互间依待的条件更多了，如理必依待着气，必以气为条件。气亦依待着理，必以理为条件。同样心必依待着性，必以性为条件。性亦依待着心，必以心为条件。一切互相依靠，言及于此，则必以彼为条件。所以研究朱子思想，常觉其气魄大而苦难下手，若圆密而又嫌琐碎。陆象山讥其支离者即在此。朱子亦非不自知，为教人的方便，乃不免以读书来代替着穷理，渐渐以研穷字义来代替研穷物理，于是又渐渐从读书转到章句与训诂上，这是朱学之流弊。但不能说朱学精神只是读书，只是章句与训诂，乃以与康成相比拟。此则只以见清代汉学之陋耳。

此文刊于一九四七年九月《思想与时代》四十七期；一九七五年收入《中国学术通义》，此篇又续有增订，盼读者取《通义》本合并参读之。

周程朱子学脉论

濑溪二程晦翁，见称为理学正统，全祖望《濂溪学案序录》，谓：

> 濂溪之门，二程子少尝游焉，其后伊洛所得，实不由于濂溪，是在高第荥阳吕公已明言之，其孙紫微又申言之，汪玉山亦云然。今观二程子终身不甚推濂溪，并未得与马邵之列，可以见二吕之言不诬也。晦翁南轩始确然以为二程子所自出，自是后世宗之，而疑者亦踵相接焉。

故全氏又谓：

> 濂溪诚入圣人之室，而二程子未尝传其学，必欲沟而洽之，良无庸矣。

这里是说二程并未尝直接濂溪的传统。考明道伊川见濂溪在庆历六年丙戌,时濂溪在南安,年三十岁。下距其卒尚二十七年,疑《易通书》与《太极图说》,皆应在后。二程之于濂溪,亦仅两度见面,既不得谓之师事,亦不得谓之从游。是年冬,濂溪即移郴县,二程再不与濂溪相见,是全氏之说是也。然据此下明道自述与濂溪两次见面时情形,则二程之学,确是受濂溪之绝大启发无疑。

全氏《明道学案序录》又云:

> 世有疑小程子之言若伤我者,而独无所加于大程子。

这里所云疑小程子言若伤我,乃指陆象山。是象山认为二程学说并不全同。其后王阳明著《朱子晚年定论》,颇于朱陆异同有偏袒,但其推尊濂溪明道,则有时还在象山之上。然则此濂洛朱子四家,在思想系统上究竟是同是异,实在值得研究。不佞于他文中,屡尝指出此四家思想之相异及其先后转接之线索。本文则旨在指出一两个大节目,说明此四家思想,虽有小异,仍属大同。明白得此四家思想之大同处,便更易明白陆王学派与正统派之相异处。

为求叙途简径起见,姑从明道《定性书》说起。此书在明道鄠县作簿时,年犹未三十,实是明道早年思想,最可由此窥其学问之来源。《定性书》中重要的一段说:

> 天地之常,以其心普万物而无心。圣人之常,以其情顺万物而无情。君子之学,莫若廓然而大公,物来而顺应。与

其非外而是内，不若内外之两忘也，两忘则澄然无事矣。无事则定，定则明，明则尚何应物之为累哉？圣人之喜，以物之当喜。圣人之怒，以物之当怒。是圣人之喜怒，不系于心而系于物。

刘蕺山云：

此伯子发明主静立极之说，最为详尽而无遗。

是说明道此文，乃根据濂溪《太极图说》主静立人极的意见。此话若颇有理。但明道为鄠县主簿时，濂溪年四十三，在合州，下距其卒尚十四年。其时濂溪应尚未有《太极图说》。果明道本《太极图说》立论，此下不应绝不提起。窃观明道此文，显属别有来历。明道自云：吾学虽有所授受，天理二字，是自家体贴出来。古书中惟《小戴记·乐记》篇有天理二字。其文曰："人生而静，天之性也。感于物而动，性之欲也。物至知知，然后好恶形焉，好恶无节于内，而知诱于外，不能反躬，天理灭矣。"应大体本是。魏何晏(平叔)创为圣人无喜怒哀乐论，钟会(士秀)诸人皆述之，王弼(辅嗣)独与不同，谓：

圣人茂于人者神明，同于人者五情。神明茂，故能体冲和以通无，五情同，故不能无哀乐以应物。然则圣人之情，应物而无累于物者也，今以其无累，便谓不复应物，失之多矣。

是何晏主圣人无喜怒哀乐,而王弼则主圣人同有喜怒哀乐,惟与众人异者,乃在其虽有喜怒哀乐而不为喜怒哀乐所累。明道《定性书》,似与王弼意相近。明道说,以其情顺万物而无情,则非无情也,此情亦可谓之即性即理,故曰无情。黄梨洲特为此语下分疏,他说:

> 此语须看得好。孔子之哭颜渊,尧舜之忧,文王之怒,所谓情顺万物也。若是无情,则内外两截,此正佛氏之消煞也。无情只是无私情。

梨洲意,无情应作无私情解,情兼内外,若在内部心上增添些子,此即不顺物,即私非理。明道又云:

> 风竹是感应无心,如人怒我,勿留胸中,须如风动竹。德至于无我者,虽善言善行,莫非所过之化也。

此云无我,即无私,这里明道特指怒之一事为言,《定性书》中亦云:

> 人之情易发而难制者,惟怒为甚。第能于怒时遽忘其怒,而观理之是非,亦可见外诱之不足恶,而于道亦思过半矣。

此皆着重在治怒上。因喜怒哀乐四者,惟怒最易干应怒之上增加了分数。故曰：风之动竹，感应无心，竹已应了动了，但并非竹之自身起心要动，故曰无心，亦可曰无私情。然与《乐记》言反躬之意实不同，而与王弼体冲和以通无之意为近也。则明道实兼融儒道而言之，与濂溪有渊源，而非直承濂溪可知。抑且明道本篇所论实有更当申辨者。孟子言口同嗜于易牙，耳同听于师旷，目同姣于子都，见孺子入井，莫不有恻隐之心。心之所同然，则同此情，同此理，喜怒哀乐亦莫不有其同，此即情之公，一若其在物而不在我。明道言，以有为为应迹，以明觉为自然，弗自私，毋尚智，从孟子此等处言，义可相通。阳明言，见父自然知孝，见兄自然知弟，人之良知，亦即心之同然。然人生遭遇，若有不尽于此者。如舜之父瞽瞍，而舜能善尽其孝，则不当仍以有为为应迹，明觉为自然说之矣。而且又何以内外两忘澄然无事说之。孟子又曰：人少则慕父母，知好色则慕少艾，有妻子则慕妻子。仕则慕君，大孝终身慕父母，五十而慕者，予于大舜见之，此岂亦仅以有为为应迹，明觉为自然乎？且亦非内外两忘所能达。故明道横渠之言定性，终似与孟子言尽性尚有辨。明道必言性无内外，然性终在己，必反己求之。明得此性而尽之，则非不累于外物之所能尽其意也。故明道乃就当前问题自申己见，来续补孟子所已言，并不是以当前所言来更改孟子所已言。若专据明道此言，不再会通之孟子，则又入歧途。故明道言性无内外，伊川之言格物穷理继之，穷理乃有当于孟子之尽性，然求之外终亦与求之内有别，此象山所以讥朱子为支离也。然先立乎其大，终不如言致良知，更为简易明白，而心即理究不如言性即理更为妥惬，斯则程朱较陆王终为与孟子更近也。

明道他处又说:

> 谢子曰:吾尝习忘以养生。明道曰:施之养生则可,于
> 道则有害。习忘可以养生者,以其不留情也。学道则异于
> 是。夫必有事焉而勿正,何谓乎? 且出入起居,宁无事者。
> 正心以待之,则先事而迎,忘则涉乎去念,助则近于留情,故
> 圣人之心如鉴,孟子所以异于释氏,心也。

《定性书》说内外两忘,是指忘内外之别言。此处说于道不宜
忘,是指当境之顺应言。两语并不相背。若当境而忘,则将如列
子所举宋之阳里华子,此则近于无知。明道只说圣人之心如鉴,
明镜照物,有知则自应有情,但应顺乎外面所知,不自己增加了
些,妍则妍,媸则媸,是有情犹无情也。今再以伊川言证之。伊
川说:

> 舜诛四凶,怒在四凶,舜何与焉? 盖因是人有可怒之事
> 而怒之,圣人之心本无怒也。譬如明镜,好物来时便见是
> 好,恶物来时便见是恶,镜何尝有好恶也?

是单论心则无怒,应于物而有怒,故不当拒外。试再证以程门后
学杨龟山之言。龟山说:

> 《中庸》曰:喜怒哀乐之未发谓之中,发而皆中节谓之
> 和。学者当于喜怒哀乐未发之际以心体之,则中之义自见。

执而勿失，无人欲之私焉，发必中节矣。发而中节，中固未尝忘也。孔子之恸，孟子之喜，因其可恸可喜而已，于孔孟有何哉？其恸也，其喜也，中固自若也。鉴之照物，因物而异形，而鉴之明未尝异也。庄生所谓出怒不怒，则怒出于不怒，出为无为，则为出于不为，亦此意也。若圣人而无喜怒哀乐，则天下之达道废矣。

这里龟山亦明明主张圣人有喜怒哀乐，吃紧则在未发之中上。喜怒哀乐发而易偏。方其未发，则停停当当是个中。所以未发之中，便像是一个无喜怒哀乐的境界。这一境界叫做中。心在这境界时，便如明镜般，能照而无照。保得此境界，于是始可有发而中节之和。此心一发，便有喜怒哀乐，但是应物而来，所以说是和。和还只是中。换一句话说，那时喜怒哀乐虽已发，而还如没有喜怒哀乐。何以故，因其喜怒哀乐起在物而不在己。己之所有，仍此未发之中。喜因物之可喜，恸因物之可恸，于孔孟何有，这如说不在孔孟心上。外物未来，此心便是澄然无事，便是镜何尝有好恶。明道说："遽忘其怒而观理之是非"，则此怒应称为理。动亦定，静亦定，即如此。这是程门宗旨。

我们把握上述分析，其实心无不应物之时，亦无不应物之心，但程门把来分说，好叫人对此心更易明。大体二程意，性属先天，情属后天。人生而静以上是天理，感物而动以下则易有人欲。情则在此性与欲之间。一任其天则是理，加进了人则近欲。故明道自言，见周茂叔，每令寻孔颜乐处所乐何事。明道好田猎，自谓已无此好矣。茂叔曰：何言之易，但此心潜隐未发耳。

十二年后复见猎者,不觉有喜心,乃知果未也。此乃明道确受濂溪启发处。根据此故事来读《定性书》,则明道真意显豁呈露矣。若必谓明道亲见《太极图说》,则终无明证可据。而濂溪接见二程时,其学已定,虽未有《通书》与《太极图说》之著作,然教二程寻孔颜乐处所乐何事,则所学方向端的已定,其主静立人极之意殆已存立,后人又必谓濂溪《太极图说》渊源方外,此皆未得古人真相也。吕氏《童蒙训》述伊川言:

> 爱惟仁之一端。喜怒哀乐爱恶欲,情之非性也。

此是程门明白说性与情别,欲与情近之证。喜怒哀乐皆属情非性,情则常动,故求定性,不能有喜怒哀乐爱恶欲之相扰。刘蕺山谓《定性书》乃发明濂溪主静立极之说,真属有见。濂溪自注云"无欲故静",今明道伊川之说情字,主要在说明濂溪所谓之无欲。但从此发挥,又另有许多问题发生。明道明说,情顺万物而无情,亦可谓其近于何平叔,梨洲虽以无私情释之,然从来亦无公情之说,要之明道似不重此情字。伊川又明明说情非性,今再续其论爱与仁之辨。从来亦皆以爱说仁,即《论》《孟》已然。而伊川则曰:

> 孟子曰:恻隐之心仁也,后人则以爱为仁。恻隐固是爱,爱自是情,仁自是性,岂可专以爱为仁。

又说:

> 仁之道，只消道一公字，公即是仁之理，不可将公便唤
> 做仁，公而以人体之故为仁。只为公，则物来兼照，故仁所
> 以能恕，所以能爱，恕则仁之施，爱则仁之用也。

此处伊川以仁为性，以爱为情，性属体，情属用，故必分别仁爱，
谓不当专以爱为仁。避去爱字，换上公字，即明道所谓廓然而大
公，物来而顺应。顺应即有情若无情，濂溪说"明通公溥"，大体
爱在情一边，公在理一边。爱偏在动，公偏在静。廓然大公，便
是未发之中，便是静。然理中有性亦有情，有公亦有私，有动亦
有静，偏却一边说，终似未允。

今问何以又由静转到动？这里便该说到二程之说感应。明
道说：

> 寂然不动，感而遂通天下之故者，天理具备，元无欠少，
> 不为尧存，不为桀亡，父子君臣，常理不易，何尝动来。因不
> 动，故言寂然。惟不动，感便感，非自外来也。

此一节话，颇费分疏。似明道释理字，颇偏静一边，故曰：我心虽
感而未尝动，又曰感不自外来。因我心之感以理，理则自在，故
虽动而未尝动。又理合内外，故说感不自外来。若说我心以情
感，情落在我一边，自见感之由外。由其感于外而内动我情，此
即分内外，又不得谓之不动，后来伊川也说：

> 寂然不动，万物森然已具。感而遂通，感则只是内感，

不是外面将一件物来感于此也。

又说：

> 寂然不动，感而遂通，此已言人分上事。若论道，则万理皆具，更不说感与未感。

此等处二程认天地间只有一理，平铺满足，无内外，无动静。则更不需说感应。但伊川又说：

> 天地之间，只有一个感与应而已，更有甚事。

其实此条仍与前引各条语异而义同。天地间只此一理，故如是感则如是应。鸢飞鱼跃，活泼泼地，是其境界。如是则二程的感应论，正正像是一种无情论。明道又说：

> 心磊磊在腔子里。

试问此语指的什么。正因无内无外，寂然不动，故见我心常在腔子里。不动故曰磊磊。若果外面有感，内动我情，引向外去，这便成放心。心放了，便不在腔子里。便不磊磊，这岂不又是一个主静立人极吗？但亦只可谓二程得濂溪之启发而自臻此悟，决非二程亲受濂溪书而加以发挥也。抑且二程意是否即是濂溪意，此处亦有辨。濂溪之主静立人极，似谓人当站定在人的地位上来合天，二程则把天理太看重了，似不免忽略了人的地位。人也可去感外感天，不是专来应天与外之感。而且性无内外语，亦大可商榷。明道意，似乎欲矫释氏专一向内之病，而故意牵向外去，又牵得太过分了。一面既不分内外，而一面又要应应无心。在我无心，而在外又全部不加拒绝，于是在我则只有应，更无感，似乎人生如此，亦就大有问题。

因感不感又牵连到发不发。《中庸》喜怒哀乐之未发，这是程门最爱特提的话头。上面已引杨龟山一番话，此后到朱子，对未发之中经过许多精微的辨析，此处不详述。姑举一条如云：

> 四端之未发，虽寂然不动，其中自有条理，自有间架，不是侗侗都无一物。所以外边才感，中间便应。如赤子入井之事感，则仁之事便应，而恻隐之心于是乎形。

这一条，朱子也径说外边感，中间应，由外感，由内应。只分内外，有感应，似较二程说法更平易，更接近常识的看法。但朱子此番话，精神上仍是二程传统。他们似乎看人生只有应，没说到有感。感是主动，应则是被动。所谓顺应，亦是后天被动也。他们所谓感，只是物来感我，由外感内，更不说我去感物，由内感外。正因由我感外，便是动，便是私，便似落在情一边，便非廓然之大公，便非寂然而不动。照这一点说，程朱意见还是一贯。程门言性，替出爱字，换上理字，言仁，替出爱字，换上公字。看人性成一静的物事，于是乃有伊川"性即理也"的主张。朱子在这些大节目上，并未有改变更动。他们都没有孟子"如火始然如泉始达",《中庸》"溥博渊泉而时出之"的一种境界。这是宋儒理学正统,所由与先秦儒相异处。追寻根源,亦可说全是濂溪主静立人极的一派。只从此一大条理,便可把周程朱子四家思想绾成一线。但若说濂溪主静,亦有动的一面,故曰志伊尹之所志,学颜子之所学,而二程对伊尹所志一面似疏了。此说则应由后人再来寻讨。

今再说"性中只有仁义礼智信,曷尝有孝弟来"的说法,这又是程门一番极新鲜而又极费分疏的理论。正因孝弟只是对父兄长上的一番爱情,程门言性似乎要避却情,避却爱,则演绎引申,不得不说性中无孝弟。后来黄百家《求仁篇》阐述此层说:

> 后儒谓性生于有生之物,知觉发于即生之后。性,体也。知觉,用也。性,公也。知觉,私也。不可以知觉为性。爱亲敬长属乎知觉,故谓性中无孝弟,而必推原其上一层。不知性虽公共之物,而天命于人,必俟有身而后有性。吾身由父母而生,则性亦由父母而有。性由父母而有,似属一人之私。然人人由父母而有,仍是公共之物。夫公共之物,宜非止以自爱其亲。然人人之所以自爱其亲,正以见一本大同之道。

黄氏这一节话,指出了宋儒论性症结。一则指性乃在父母未生以前,所谓人生而静以上不容说也。二则指性乃一公共之物,此即程张所谓天地之性,义理之性。及其一涉父母既生之后,便堕落在形气中,便在小我身上,即程张所谓气质之性也。气质之性，不是性之本，这一理论，似由深受佛家影响，遂与先秦儒大异。因此孟子指恻隐之心为仁之端，谓由恻隐之心引出仁之端来，这是由情见性。程朱则说成仁之端为恻隐之心，谓由仁之端生出恻隐之心来，这是由体生用。此是一大分别。

让我们由此再转到五性之说。伊川在太学，有《颜子所好何学论》，谓：

> 天地储精，得五行之秀者为人。其本也真而精，其未发也五性具焉，曰仁义礼智信。形既生矣，外物触其形而动于中矣，其中动而七情出焉，曰，喜怒哀乐爱恶欲。情既炽而益荡，其性凿矣。是故觉者，约其情使会于中。

这些话，显与濂溪《太极图说》极相似。所谓：

> 惟人得其秀而最灵，形既生矣，神发智矣，五性感动而善恶分，万事出矣。圣人定之以中正仁义而主静立人极焉。

伊川此文作于早岁，岂非其学术源头，确本濂溪。今可谓濂溪接见二程时，应未有《太极图说》，然不得谓绝无《太极图说》中之见解。二程既接闻其语，则他日所言，自不害有相近。以后黄晦木《太极图辨》力驳之，他说：

> 性一也，分天命气质为二，已属臆说，况又析而为五。感动在事不在性，四端流露，触物而成。即以乍见孺子入井

论之，发为不忍乃其仁，往救乃其义，救之而当乃其礼，知其当救乃其智。身心相应乃其性。焉有先分五性然后感动之理。

又说：

> 仁义者，性之大端。循是而行谓之道，然恐其行之也不免于过不及之差，则圣人之教，使协于中而归于正。今以中正仁义对言，而中正且先于仁义，则在天命之性，率性之道，修道之教之三言者，何所施耶？谓性有善恶，而仁义待乎圣人之所定，此告子杞柳桮棬之说也。

晦木这一段辨论，极爽快。但濂溪说的五性，乃指火水金木土而言。伊川说五性，始指仁义礼智信。把仁义礼智信分配于水火金木土，在汉儒已然。朱子又详为发挥。所以也可说，濂溪的五性说确已包孕有伊川的五性说。总之只要说到五性，明明已是气质之性，而非程张所谓的天地之性。濂溪谓圣人定之以中正仁义而主静立人极，亦可谓中正仁义只人性所有，非万物并有。万物与人生皆属后天，先天中有此中正仁义否，濂溪似未强调此主张。但伊川则明白认仁义礼智信为五性，以喜怒哀乐爱恶欲为七情，认五性在父母未生以前，人生而静以上，而七情在父母既生感物而动之后。这一分别，濂溪是否先有，宜再讨论。而下及朱子，则大体与二程相差不远。二程固是早岁曾受濂溪之启发，但后来自得道真，于濂溪不甚称道。故思想线索虽仍自一贯，而不能谓无异。直到朱子，始确然推尊濂溪，以为二程所自出，这亦是朱子之特识，而细节异同，朱子似未及。即在二程间，亦有细节之异。刘蕺山说：

> 小程子大而未化，然发明则有过于其兄。

其实朱子发明更过伊川。他的理气论，乃为直接周程而综合之的最要理论。他的理气论似可会合先后天为一，而仍不免分先后天为二。此外四家复有种种异同出入，只是在大节目上，其主要血脉处，则一气相承。这里便见宋儒理学正统精神。而其各别相异处，则仍宜仔细推寻。

关于朱子发明更过周程处，其主要更在挽合周程上通孔孟处，此篇中不拟详说，姑拈爱与仁之辨一层为例。朱子答张敬夫说：

> 程子言仁，本末甚备。撮其大要，不过数言。盖仁者生之性，爱其情也，孝弟其用也。公者所以体仁，犹言克己复礼为仁也。……今不深考其本末指意之所在，但见其分别性情之异，便谓爱之与仁了无干涉，见其以仁为近仁，便谓直指仁体最为深切。殊不知仁乃性之德而爱之本，因其性之有仁，是以其情能爱。但或蔽于有我之私，则不能尽其体用之妙。惟克己复礼，廓然大公，然后此体深全，此用昭著。……程子之言，意盖如此。非谓爱之与仁，了无干涉，（朱子自注性发于情，情根于性。）……非谓公之一字便是直指仁体也。

又云：

> 细观来喻，所谓公天下而无物我之私，则其爱无不溥矣。不知此两句甚处是直指仁体处。若以爱无不溥为仁之体，则陷于以情为性之失。……若以公天下而无物我之私便为仁体，则恐所谓公者，漠然无情，但如虚空木石。虽其同体之物，尚不能有以相爱，况能无所不溥乎？……须知仁是本有之性，生物之心，惟公为能体之，非因公而后有也。

又云：

> 由汉以来，以爱言仁之弊，正为不察性情之辨，而遂以情为性耳。今欲矫其弊，反使仁字泛然无所归宿，而性情遂至于不相管，可谓矫枉过直，是亦枉而已矣。

又朱子有《仁说》一篇，大意谓：

> 天地以生物为心者也，而人物之生，又各得乎天地之心以为心。故语心之德，虽其总摄贯通，无所不备，然一言以蔽之，则曰仁而已矣。故……此心也，在天地则块然生物之心，在人则温然爱人利物之心。……或曰，若子之言，则程子所谓爱情仁性，不可以爱为仁者非欤。曰：不然。程子之所诃，以爱之发而名仁者也。吾之所论，以爱之理而名仁者也。盖所谓情性者，虽其分域之不同，然其脉络之通，各有

攸属者,则曷尝判然离绝,而不相管哉?吾方病夫学者诵程子之言而不求其意,遂至于判然离爱而言仁,故特论此以发明其遗意。而子顾以为异乎程子之说,不亦误哉?

据上引,见朱子对于情性同异问题,实极费心思来回护二程,而把二程缺点,大体上可弥缝的都弥缝了。朱子又常引用张横渠的心统性情说,谓:

> 性者心之理,情者心之动。

又说:

> 情是性之发。
> 求静于未始有动之先而性之静可见。

这里一面是说合情性,一面是说分情性。一面主张性即理,在静的一边。但理无不附于气,则理亦无不动。但必要求理于未始有动之先,则还是一个父母未生以前,人生而静以上,还是主静立人极。黄梨洲则云:

> 凡人气聚成形,无一物带来,而爱亲敬长,最初只有这些子。后来盛德大业,皆原于此。故曰:孝弟为仁之本。集注为仁犹曰行仁,谓性中只有个仁义礼智,曷尝有孝弟来,盖以孝弟属心,心之上一层方才是性,有性而后有情,故以

孝弟为行仁之本。愚以谓心外无性,气外无理,如孟子曰:
恻隐之心仁也,盖因恻隐羞恶恭敬是非而后见其为仁义礼
智,非是先有仁义礼智而后发之为恻隐羞恶恭敬是非也。
人无此心,则性断灭矣。是故理气之说,其弊必至于语言道
断,心行路绝而后已。

这一番辨论,本极剀切,定要说气外无理,实不如朱子说理气之
圆而允。又其对明道《定性书》回护曲解。明道说无情,梨洲说
只要无私情。不知程朱之有一脉相通而各别相异处,探讨仍未
入细。南宋叶水心有云:

> 《定性》皆老佛语,程张攻斥老佛至深,然尽用其学而
> 不知,以《易大传》误之,而又自于《易》误解也。

此则直对明道《定性书》坦白攻击。然水心几乎是跳出当时理
学界圈子的人了。在当时理学界,影响并不大。至于陆王两家,
虽对伊川性即理,朱子理先于气诸说,颇加驳难。但两人对明
道,阳明对濂溪,都无非辞。因此在这里,常隐藏着一条走廊,王
门后学也不免常落到体先用后性先心后的窠臼里。仍要去追寻
到父母未生以前,人生而静以上之一境,仍是要主静立人极,依
然像在看喜怒哀乐未发以前气象,依然想一旦把柄到手,可以情
顺万物而无情,这是陆王学派,到底未脱净程朱正统派的牢笼
处。不知情之既熄,而高言夫理,以定性而制行,则宜乎有清儒
如戴震之所谓以意见杀人之谴责。这里最重要的,是一个体用

之辨，是一个先后天的界线，这一分辨，并非不可有。周程朱一脉在此上便形成了在宋代理学上之正统地位。主要在其分别之圆通与活络之程度上。这一篇文章的用意，不过在指出这一点来叫学者们注意。

兹再纵而言之。自孔子下传孟荀有儒家，自孔子上溯周公有五经。汉代罢黜百家博士，专立五经博士，《孟子》博士亦遭罢黜。孔子《论语》，仅为小学教科书，太学博士专授五经。因此汉儒之微言大义，通经致用，着眼点重要在政治与历史，以上跨暴秦，回复三代。孔子素王，为汉制法，所争在上层政治制度，尤急于下层之社会人生。魏晋以下，王统中辍。庄老代兴，随之佛教东来，社会下层人生之领导权，乃操于道释之手。唐代恢复两汉之治统，惟道统则仍不在儒而在释。中经五代丧乱，宋儒所求恢复者，不仅汉唐之治统，更主要者，在孔子以下儒家之道统。然如欧阳永叔之《本论》，以及庆历熙宁之变法，先急仍在上层政治。濂溪沉沦下僚，迹近隐逸，多亲方外，其注意力乃更偏于人生方面。其运思为学之主要对象，为老聃与释迦。所争在人生哲学之领导权，而上层政治制度，转居次要。以此遂成此下理学新兴之开山，而被认为宋学之正统。此为宋明儒与汉唐儒之主要分歧点，此层最当注意。

惟濂溪所重，在如何由道释而返之儒。此乃人生一大转向。最要精神，在当时之现实人生上，而稽古非所急。故其所为《太极图说》，根据《周易》，而《易》言太极，无无极，濂溪增入之。又《易》言天行健，君子以自强不息，而濂溪乃曰主静立人极。此非濂溪必欲违反《周易》以自立说，更非濂溪必欲引进老释之言以自广。在濂溪之当前人生上,认为惟此乃为一正当适切之出路。濂溪之意,亦如此而已。

明道在熙宁时,屡上书论政,又曾助荆公推行新法,此仍是前期宋儒意态。后始转变,一意在人生问题上作研讨。伊川为其兄《行状》有曰:

> 先生之学,自十五六时,闻汝南周茂叔论道,遂厌科举之业。而求道之志未知其要,泛滥于诸家,出入于老释者几十年,返求诸六经而后得之。

可征明道之学渊源濂溪,其弟伊川已明言之。濂溪虽言志伊尹之所志,然曰学颜子之所学。其志固不忘政治,其学则固在人生。故其告二程,寻孔颜乐处所乐何事,此即学问在人生尤先于在政治之明训。范希文为秀才时,以天下为己任,胡瑗讲学,分设经义治事两斋,孙复著《春秋尊王发微》,凡初期宋儒所重,尤在政治,更重于人生,显自与濂溪有异。故文彦博之《题明道墓》有曰:

> 周公没,圣人之道不行。孟轲死,圣人之学不传。道不行,百世无善治。学不传,千载无真儒。无善治,士犹得以明夫善治之道以淑诸人,以传诸后。无真儒,天下贸贸焉莫知所之,人欲肆而天理灭矣。

汉唐儒志在求善治,即初期宋儒亦如此。而理学家兴,则志在为

真儒。志善治，必自孔子上溯之周公，为真儒，乃自孔子下究之
孟轲。此乃经学与儒学之别。由汉唐经学转而为宋明儒学，其
途实自濂溪启之。故二程兄弟闻周茂叔论道，遂厌科举之业。
此是学术意态与途辙上之一大转变。孔子赞颜渊，用之则行，舍
之则藏，濂溪二程之学颜子，盖尤更重在舍之则藏之一面，一则
有佛老之挑战，一则为新政之惩戒。故濂溪二程论学，终不免近
似消极。孔子当时，本对政治抱有一番兴革之宏愿。其后封建
政体崩溃，统一政府兴起，汉唐诸儒，自不免在用之则行一面用
心而于舍之则藏一面则忽略了。于是老释乘之，在朝在野，人生
分成两截。宋代上承汉唐，在政制上可无大兴革，而日常人生，
对老释之挑战，不能不有应付。则周程学统，实亦不得目之为消
极。若善观于北宋晚期之世变，上通之孔孟大道之传统，宜亦可
不流于偏陷也。夫既在志求道，在实际人生上觅出路，则不得不
出入老释，此自当时实际人生有如是。以当时实际人生固在老
释也。而明道之返求诸六经而后得之者，亦是其在当前实际人
生上之所得，非循章蹈句，随文逐字，而可得之于书册者。

故明道谓：

> 吾学虽有所授受，只天理二字，却是自家体贴出来。

论明道学之所授受，舍濂溪别无可考。然天理二字，不仅濂溪未
言，即六经《语》《孟》亦无之。只《小戴礼·乐记》篇一见。此非
明道必欲自创新见。惟欲自创新人生，则非自心亲有体悟不可。
故濂溪明道之学，实是创新之功为多，而稽古之功为少。处此时

代,则实有其不期然而然者。惟人生新途径,即由老释返孔孟之途径,既由两人创辟,则后有随者,于此新途径之所向往,自当有继续钻研之功。故愈后则创新愈少稽古愈多。伊川承濂溪明道之后,其稽古之功,乃较两人为益进。

后人有言:

> 明道不废观释老书,与学者言,有时偶举示佛语。伊川一切屏除,虽庄列亦不看。

此虽或言之过甚。然濂溪明道,不得不于释老书多所涉历,朱子谓不看,无缘知他道理也。但到伊川,新路向已定,看释老书自不如看儒书更重要。伊川又言:

> 僧家读一卷经,便要一卷经道理受用。儒者读书,却只闲读了,都无用处。

是谓僧人读佛书受用,儒者亦当读儒书受用也。故自伊川起,其学乃转更向内,转向儒书一边来。

明道有言:

> 圣人用意深处全在《系辞》。《诗》《书》乃格言。

但伊川又云:

《易·系辞》所以解《易》。今人须看了《易》方始看
《系辞》。

兄弟意见相同，而立言有不同，此亦明道所谓自能寻向上去，下
学而上达也。伊川著《易传》，此为自濂溪明道唱导新儒学即理
学以来第一部特为钻研某一古经典而有之著作，然亦仅此一著
作而已。然伊川乃以两书接引门人后进，一曰《大学》，一曰《西
铭》。《大学》在五经、《论》《孟》之外，仅《小戴礼记》中之一篇，
亦向不为汉唐儒所重视。横渠《西铭》，则二程同时朋辈之作
品。可见濂溪二程唱导新儒学，其意实欲自创一新系统，以为当
前实际人生作指导，固非欲一一遵依孔孟成规以立教也。故其
意亦终不重在稽古著书上。

　　然而此种风气实有流弊，如二程不称重濂溪，即其一例。而
程门大弟子如谢上蔡杨龟山之徒，其后梢皆流入禅学去。朱子
承龟山之四传，亲受业于李延平，然于李延平之教终有不满。并
亦不满于伊川之《易传》而著《易本义》，又为《诗集传》，乃皆自
感不满，至自譬为鸡肋。于是乃一意求之孔子之《论语》。自濂
溪二程以来，人人尊孔子，排释老，认为新人生蕲向在此。然孔
子究何言，所言究何义，实未深切探究，有明白归一之定论。使
人人言自得，各自得于心，而不能建立一共同之师承，则斯道终
不明。濂溪二程，意在创新儒学，亦终不脱旧经学圈套，其特重
《周易》，即其一例。朱子则移新儒学之重心于《论语》，求为逐
章逐句逐字，明白释之，此虽有似汉唐儒之经学章句，而用意固
大别。朱子几乎乃毕生用力于此，先则多依据二程，绝则摆脱二

程,即以《论语》求《论语》。其《论语集注》之最后定本,所采二程语乃不多。此又为濂溪二程以来新儒学之一大转变。其先只求摆脱释老,归向儒学,至是乃于儒学中心孔子一人《论语》一书作首尾贯彻之研寻,此乃朱子对新儒学之新贡献,实亦是莫大之大贡献也。

然朱子作此研寻,其本源仍从濂溪二程来,其主要精神,仍在创兴一新儒学,以为当前实际人生作领导,故其《论语集注》,终亦与经生章句不同。如其注《论语·八佾》篇"获罪于天",曰:

天即理也。

此一注,大为后代经学儒生所诟笑。朱子宁不知《论语》中凡言天,不可一一以理字释之,而此处特下此注,正是其承续濂溪二程以来一种新儒学精神之表现,固不得以经学章句之见为嗤也。

自有《论语集注》,继之以《孟子集注》,又继之以《学》《庸》章句,四书之结集乃代汉唐之五经,而成为后代儒者之人人必读书。故朱子乃始以濂溪二程之新儒学,上绾之于先秦儒,一以孔子为宗而完成一大系统。而朱子遂为中国儒学史上继孔子而起之集大成者,亦以此也。

惟自濂溪明道以下,宋儒新传统,究自有其一番创新精神,伊川济之以稽古,朱子益进,遂若稽古有过于创新,陆王继起,皆于此有不满。然陆王虽与伊川朱子相敌对,终于濂溪明道不失其崇重之意。治宋明理学史者,必当于此一番演进有了解,乃可不蹈于门户之习，而于此诸家，乃可得见其共通处，又见其各别处，而后可以进而判别其是非得失之所在也。

又按：司马温公、吕申公尝言于朝，曰：

> 程颐之为人，言必忠信，动遵礼义，真儒者之高蹈，圣世之逸民。

此赞伊川，用高蹈逸民四字，濂溪明道，更显其有此风格。朱子亦在野日多，在朝日少，仍不失此传统。窃谓理学诸儒所为与汉唐儒宋初儒别者端在此。若使理学诸儒亦一心在善治上，惟求上进于朝廷，以为官行政为务，则社会下层，仍将受释老领导，甚至在朝当政者，亦无以自拔。南北朝隋唐，史迹甚显。大群实际人生之领导权，既在释老，则善治亦有其限。今自濂溪以至晦翁，所以为理学之正统者，乃在不脱一种高蹈逸民之风，故使社会下层，在实际人生上有一亲切之领导，乃群弃老释而惟儒之归。后人乃疑理学诸儒多近隐退一路，乃其濡染于释老方外之证，则不免为目睫之见也。

> 本篇成于一九四八年，旧历戊子元旦，刊载于《学原》二卷二期。纵论以下各节，则补成于一九七七年，旧历之中元节，前后相距，适三十年矣。

程朱与孔孟

中国思想之主流在儒家,前有孔孟,后有程朱,影响最大。究竟所讲是同是异,此是大问题。陆象山王阳明说程朱异于孔孟。颜习斋戴东原更谓双方大异。习斋并谓,必破一分程朱,始入一分孔孟。细究之,孔孟程朱确有不同,但同处更多于陆王颜戴,此层不可不辨。

中国人常连说道理二字,亦可说:此乃全部中国思想史上所讨论之主题。亦可说:二字涵义不同。孔孟所讲主要在道,程朱所讲主要在理。今天中国,则已把双方主要混合一起了。

庄老所讲,主要亦都在道。整个先秦乃至两汉,亦都讲道。庄子较多讲到理,荀子韩非亦偶尔提到理,汉代人或把理即注作道。但自魏晋南北朝下迄隋唐而至宋,便转而多讲理。今姑先把此两字作一简要分析。

庄子说:道行之而成。韩愈说:由是而之焉之谓道。此乃道字一最简明的解释。道是人走出来的。所走路不同,便是道不同。因此有所谓天道人道,又有所谓王道霸道,大道小道。尧舜之道与桀纣之道，君子之道与小人之道等。所以有道不同，不相为谋，即以其人之道还治其人之身，及道并行而不相悖诸语。

首先特别提出理字者，为三国时王弼。彼云：物无妄然，必由其理。是说一切事物，都有其所以然，即理。又云：统之有宗，会之有元，此是说，许多理，并不是零碎散乱的，可以找出其系统端绪来，而使之会归于一的。由此说之，天地创始也是一理，王弼早把理字地位暗暗替代了古人相传天字的地位。这在思想史上，不可不说是一大进展。

郭象注《庄子》，更多讲理字。虽《庄子》原书原有此字，但读者细玩郭注，与《庄子》原文相较，便知二者间显有不同。佛家如竺道生，讲顿悟，亦根据此理字。他说，理不可分。要明白此理，便该全悟，非逐渐地分层悟，这便是顿悟了。

依据上述，理是一所以然，道是一已然，或说成然，乃是待其形成而始见其然的。孔孟讲道，则在已然中举出其常然来，或许亦即是当然了。

理则是一种先在的。王弼所谓物无妄然，必由其理，理便是先物而在了。因此，人只能发现理，不能创造理。理固必经事物而表现，但像是先事物而存在，朱子特别强调此讲法。所以他主张天地只是一气，而依理论之，则理又宜在气之先。如说有上帝来创造此世界，也只能依此理来创造。而且此上帝，亦必依此理而有。所以朱子说：天即理也，他实是沿袭着王弼，把理来替代了天。

若说道，则非先在，乃是完成。人所行是人道，天所行是天道，《庄子》书中也多如此说。老子则说道生天生地，此成道字异解,所以王弼要把理字来替代,如说二加二等于四,此亦是理。但须二加二始见出。二上加二是道。道中见理,理已先在,非由道所完成。故曰明道行道善道宏道,道皆须人事来完成。若说天道,便在言外先承认了一天,天在主动,由天来完成道,所以称天道。但性与天道为孔子所不言,门弟子莫得闻。孟子曰:莫之为而为者谓之天。可见孔孟皆不重言天。孔孟言天,必落实到人事上,故孔子重言命。与命与仁,仁属人而命属天。又曰:不知命,无以为君子。但孔子自言五十而知天命,则天命不易知,于是孟子遂易之言性,性即天之所命于人者。性与命皆已先在,则孔孟之言性命,实已下开宋儒言理之先声。

《易传》言:形而下者谓之器,形而上者谓之道。此两语亦有先后次序。先有形而下之器,始见形而上之道。凡天地间一切形器,皆有变化,此变化即是道。形器可捉摸,故说形而下。变化不可捉摸,故说形而上。亦可说:理乃规定形器者,道则完成形器者。故理是一而道则多。理属静定,存在而不变。道属变动,不居故常。故理属可知,而道则不可知,待人之行为一步步形成。道不可知,故天亦不可知。故《易传》以道为形而上。宋儒言天理,理可知,则天亦可知,形而上亦可知。形上形下无大分别,此即周濂溪之无极而太极也。

道,有天道,有人道,而无物道。因道必有一主动,物之在天地间,皆顺理而动,无主动可言。理属静定,不经造作,故程朱言理,有天理,有物理,但不言人理。因人在天地间,既是一存在,而更贵有造作。知理斯能造作,亦能主宰。故言道,可把天道统摄了物道,庄家道家站在此一边。言理则要把天理统摄人理,程朱思想则站在这一边。故明道言,天理二字,是他体贴出来也。其实孔孟言性命,自宋儒言之,亦即天理。惟孔孟从性命向下言到道,便把物的一部分忽略了。宋儒从性命向上言到理,则物的位置便显。横渠《西铭》言,"民吾同胞,物吾与也",大抵孔孟注重前一语,不注重后一语。《易·系传》言形而下,亦举器不举物。此亦是先秦儒与宋儒不同处。惟《中庸》多言物,故宋儒言孔孟,必兼阐及于《中庸》。

孔子曰:五十而知天命,朱注:即天道之流行而赋于物者,乃事物所以当然之故也。命为天道,可谓是孔子意,但谓其赋于物,似与孔子意不同。孟子言性,亦仅言人性,《中庸》始兼及物性。孔孟及《中庸》,所言亦递有变,则何害于程朱之续有变。抑且孔孟言命,或是命其为此,或是不许其为彼,似乎命是一种外在的力量,今朱子言事物所以当然之故,则命赋于物,即在物内,命在物之自身而不在外,即亦无命可言。故宋儒颇不重言命字。张横渠言,为天地立心,为生民立命。为往圣继绝学,为万世开太平。孔子言知命,而横渠乃言立命。此即濂溪所谓主静立人极也。《易·乾·文言》,天行健,君子以自强不息。但在天道运行中知得一不变之理,便可由人立极,立人道之极,亦即横渠所谓立命也。然则为往圣继绝学,仍有一继字工夫,不必依样画葫芦也。

孔子曰:获罪于天,无所祷也。朱注:天,理也。在孔子心里,不能谓更没有一天。但在朱子心里,竟可谓无有此天之存在。朱子又说:帝是理作主,古人谓天上作主者是帝,朱子似亦不认其存在。故又曰:理者天之体,命者理之用。是则不仅无帝在作主，亦复无天之存在。只有一理遂谓之天耳。故又曰：合天地万物而言，只是一个理，理无造作，而有规定，故曰命者理之用。如兔无角，非兔之自欲如此，亦非有天帝命之如此，乃理则然也。

孔孟不言阴阳，程朱言阴阳，后人遂谓程朱接受了阴阳家言，此亦不然。程朱只言此一气之化曰阴阳，更不于阴阳之上有上帝与五天帝，此即程朱与阴阳家言之绝大相异处。故朱子只教人格物穷理，即凡天下之物，莫不因其已知之理而益穷之，以求至乎其极。至于用力之久，而一旦豁然贯通焉。读书亦格物之一端也。因于孔孟《学》《庸》已知之理而益加穷格，此则程朱之所用力也。

《小戴礼》有曰：穷人欲而天理灭。天理二字始见于此，郑康成注：理犹性也。程朱则云性即理。此一倒转，而涵义大不同。郑氏因多见性字，少见理字，故说理犹性。理字涵义畅于后代。王弼说：物无妄然，必由其理。性只是物之一特征，人之性与犬牛之性不同，犬之性又与牛之性不同，物性不同，而皆有所由，即理也。故性则别而理则通。程朱穷理之教，可谓于《孟子》《中庸》教人尽性之上续有引申。程朱在宇宙论上较孔孟为开发，其于人生论上亦不能不于孔孟有变动。陆王对于程朱所创宇宙论一面，疏忽放弃，其对人生论一面，亦说成轻易简薄。而颜戴又从人生论一面来反程朱，反而说成反孔孟，而儒家传统精义，亦全归漫失了。

程朱将天理人欲严格对立，实亦承孔孟来。孔子曰：士志于道，而耻恶衣恶食者，未足与议也。程朱改志道说穷理，此于孔

子为引申。耻恶衣恶食,则即人欲也。孟子曰:养心莫善于寡
欲。又曰:生,我所欲也。义,亦我所欲也。二者不可得兼,舍生
而取义者也。可见义与欲不同。戴东原《孟子字义疏证》把此
一番话忽略了,遂成大错差。天既欲人之生,又欲人之义,而有
时又使二者不可得兼,故孔孟则教人知命,而程朱又教人穷理。
穷于理而不欲生,盖理是大通的,而生则是小别的。孟子曰:尽
心知性,尽性知天,此乃穷理之极致。亦人道,亦天道,乃由小别
而跻于大通。知人知天,即是知命,而是一种更深的知命,这里
便寓有一种极深厚的宗教信仰与宗教情绪。岂东原专一斟酌于
人欲而求其恰好之所能知乎?

朱子曰:

> 欲生恶死者,虽众人利害之常情,但欲恶有甚于生死
> 者,乃秉彝义理之良心,是以欲生而不为苟得,恶死而有所
> 不避也。

此乃朱子在人生论方面之尽心工夫,于孟子舍生取义之说,可谓
妙得其意矣。朱子又曰:

> 心者,人之神明,所以具众理而应万事者也。性则心之
> 所具之理,而天又理之所从以出者也。人有是心,莫非全
> 体,然不穷理则有所蔽,无以尽乎此心之量。故能极其心之
> 全体而无不尽者,必其能穷夫理而无不知者也,既知其理,
> 则其所从出亦不外是矣。

此条释孟子知性则知天义，乃牵涉到宇宙论方面，乃不得不与孟子有稍异。朱子曰：天又理之所从出，此为孟子所未言。孔孟本不为一宗教家，本不言必有一天为众理之所出。若使孔孟复生，未必坚反朱子之说。今朱子言理在众有之先，而东原言理，乃在群欲之后，然则此群欲何由生，岂天之生人，与以欲而不与以理，如东原之所想像乎。故东原之说，不仅反朱子，并反王弼，亦反孔孟。反程朱而不上溯之于孔孟，则必有此失矣。

朱子释心字，又曰具众理而应万事，惟人有心，而禽兽草木无之。故禽兽草木亦有理，而不能具众理。此程朱之尽心说，实于孔孟原义更进一层。求孔孟程朱之异者，从此等处阐入，则知其进而益前，而非诚有所异也。

陆王只主张此心，而谓心即理，则似乎谓心中本无欲，又若谓心中所欲皆是理，即本此心以应事，而省却了一番知心养心工夫。象山言先立乎其大者，阳明言致良知，一切工夫皆在此后，不见有在此前者，此其所为终异于孔孟之教也。

今再言敬字。程朱特言敬，若为有异于孔孟。孔孟认有一天，其对天，不期然而然的有一番敬畏心，此即我所谓一番极深厚的宗教情绪也。人之为学制行，不能仅仗知识，仅为应付，而须兼具此一番宗教情绪与宗教精神，孔孟之为不可及者在此。今程朱言天即理，理则我所知。又曰心具众理，则理可皆在我。如此则将冲淡人心对外一番深沉的敬畏心，循至于为小人之无忌惮。惟其程朱于孔孟之教有极深的体会，于是乃特提一敬字。人之一切为学制行，彻前彻后，此心必具此体段，是曰敬。敬即人心自然之理。纵使心中无一事，亦不能无此敬。敬不仅即是一种人生态度，实即是整个的人生体段，人生本质也。后人疑程朱言敬，只是一种道德修养规律，实则仍是一种极深沉的宗教信仰宗教情绪也。故程朱思想在当时，终能排拒释老，而使孔孟旧统重增光明，使后人之尊仰孔孟，乃益增于两汉隋唐之世，此非程朱之教敬不为功，而岂仅气耶理耶，心耶性耶，一番言辨空论之所能跻此乎？

陆王言心即理，言良知即天理，把一切外在之理全挽到内心来。推其极而至乎即心即天，即心即圣，圣人亦不稀罕。王学末流，至于满街都是圣人，端茶童子也即是圣人。惟曰心之精神是为圣，却不言心之精神只是敬。舍却一敬字，则成一切空，一切沦入虚无。陈白沙尝言："吾道有宗主，千秋朱紫阳，说敬不离口，示我入德方。"了此二十字，乃可与言程朱。

依上所述，程朱所言，有与孔孟异，而无不从孔孟来。后之学者，研程朱，必上溯孔孟，乃不失程朱之所宗。若遗弃孔孟，一尊程朱，则如水无源，如木无根，亦只见其枯竭之不待终日矣。而如清代乾嘉诸儒，尊经学，蔑理学，如木之伐其枝叶，水之窒其流潦，而曰我将以存养其根源，则根源之得养得存者亦几希矣。此亦古今儒学大消息所在也。

一九五四年六月六日香港新亚书院文化讲座演讲。刊载于《人生杂志》六月八卷三期，题名为《孔孟与程朱》。此篇为讲座稿之全文改写。

辨　性

我常称儒家思想为德性的一元论，或可云性能一元论，无论其宇宙论人生论皆然。所谓德性一元者，因其一切思想，莫不以德性观念为中心，由此出发，亦于此归宿。因此要明白儒家精义，非明白儒家论性的观点不可。儒家论性，大体就实平正，亦并无甚深微妙晦昧难明之处。惟儒家思想，绵历二三千年，其对于性的观点，自身内部便有许多不同。若不分析清楚，纠缠牵混，则好像儒家论性，自有许多模糊恍惚难明处。兹篇试分儒家论性为四派，其实即分属四个时期。一孔孟，二《易》《庸》，三程朱，四陆王，以下按次略说。

（一）

孔子很少论性，子贡说："夫子之言性与天道，不可得而闻也。"今《论语》二十篇，只有"性相近习相远"一语，算是说到性字。但《论语》虽少言性，却屡言心。《论语》里最重要的一个观念，自然要推仁字。孟子说："仁，人心也。"又说："仁者爱人。"窃谓千古解说仁字，只此两语最明白，最干净，人人易晓，却更无剩义。以后朱子说："仁者，心之德，爱之理。"便承孟子而来。清儒如阮元之徒，想把仁字与心字分开，硬说成仁无关于内心，只见其心劳日拙。因此我们可以说，《论语》论仁，便是论心，而《论语》言心，实亦即是其言性处。

《论语》言及人心，最重要是一个仁字，其次如孝弟，此亦言人心也。有子曰：

> 孝弟也者，其为仁之本与。本立而道生。

此说人类孝弟之心，便是仁心之根本。人类之仁心何由生，即生于其孝弟之心。仁只是爱人，孝弟则是爱父母。天下那有不知爱父母而知爱他人之理。心并非有两个，仁心与孝弟心，还是一心。说孝弟为仁之本者，譬如一树之有根干。仁譬如是树干，即树之本身，孝弟譬如树根，乃树之本身发育之最先一步。然不能说树根不是树身之一部分。《论语》于孝弟外，又说到忠恕。孔子告曾子曰："吾道一以贯之。"曾子曰："唯，夫子之道，忠恕而已矣。"曾子所言虽未经孔子当面印可，然曾子从孔子日久，平常必有所闻，乃始敢为此肯定之说。《中庸》亦云："忠恕违道不远。"孔子告子贡，谓有一言而可以终身行之者惟恕乎。可证曾子言夫子之道忠恕而已，纵未必尽当孔子之意，亦必距孔子之意不甚远。孔子之道，盖一贯之以吾心，谓之仁可也，谓之孝弟可也，谓之忠恕亦无不可也。仁与孝弟忠恕，同是此心。若以树譬

之,孝弟如树之根,仁如树之干,忠恕则树之枝条扶疏也。尽己
之谓忠,推己及人之谓恕,忠恕只是一心,即人之仁心也。亦即
孝弟之心也。对父母兄弟称孝弟,对一切人称忠恕,合而言之皆
可以称仁。故又曰:"强恕而行,求仁莫近焉。"孔子既极言仁
道,而曾子以忠恕说夫子之一贯,可见其必有当矣。

　　《论语》言孝弟忠恕,孟子又益之以爱敬。曰:

　　　　君子以仁存心,以礼存心。仁者爱人,有礼者敬人。

爱敬即是孝弟忠恕也。孝弟只是爱敬其父母。忠恕只是爱敬其
伦类而已。故论孝弟忠恕之实际,舍爱敬无他物。而爱敬又只
是一心。未有爱不兼寓敬,亦未有敬不兼寓爱者。俗称严父慈
母,然岂有敬其父而不寓有爱,爱其母而不寓有敬者?《论语》
常以仁礼兼言。仁之发乎外必有礼,礼之本乎内必有仁。若单
言之,则人道必由中达外,故言仁即可以兼礼,言爱即可以兼
敬也。

　　上述孝弟忠恕爱敬,皆就人心言,又皆指人心之正面言,即
其对别人之好意也。若兼正反面言,则曰好恶。《论语》称:

　　　　惟仁者能好人,能恶人。

《大学》言:

　　　　如好好色,如恶恶臭之谓诚意。

《中庸》言：

> 喜怒哀乐爱恶欲。

此皆兼言好恶两面。好即爱，爱之反面为恶，然恶亦发于仁，其本心亦即是仁。譬之一物，必具正反两面，却不能谓正面是此物，反面即不是此物。说到此处，则仁者人心，而已涉及情与性的地界。宋儒说心统性情，《论语》虽只言心，其实即已包括性，不能说心性乃不相关之两物。故孔子虽少言性，而后代儒家言性，其大本源，则全出于《论语》也。

到孟子始屡言性，并坚持性善之主张。然孟子论性，其实仍只指点人心之发露呈现处而陈说之而已。故孟子曰：

> 人之所不学而能者，其良能也。所不虑而知者，其良知也。孩提之童，无不知爱其亲者。及其长也，无不知敬其兄也。

此处孟子仍就人心之孝弟爱敬立说，惟称之为良知良能，此犹说是人之性矣。可见孟子所谓性，即是此孝弟爱敬之心而已。孟子又说：

> 恻隐之心人皆有之。羞恶之心人皆有之。恭敬之心人皆有之。是非之心人皆有之。恻隐之心，仁也。羞恶之心，义也。恭敬之心，礼也。是非之心，智也。仁义礼智，非由

外铄我也,我固有之也。

《论语》常言仁与礼,又或兼言仁与智,孟子又常兼言仁与义,又以仁义礼智四者兼举。仁义礼智出于心,即出于性也。此处有一当注意之点,孟子既说无不知,又说皆有之,此层最为吃紧。盖孟子所谓性,即指人心之无不然与皆有而言。换言之,即指人心之同然处而言也。故曰:

> 凡同类者皆相似也。口之于味有同嗜焉,耳之于声有同听焉,目之于色有同美焉,至于心独无所同然乎。心之所同然,理也,义也。圣人先得我心之所同然耳。

可见孟子即指人心之同然处,即人心之无不然与皆有处而谓之性。孔子常说人心之仁,人心之孝弟忠恕,孟子则说此等皆只是人心之爱敬,而此等爱敬人之心,与求人爱敬之心,又是人人皆有,人人同然。人心无不知爱敬,能爱敬,且乐得爱敬者,孟子即指此等人人莫不同然皆有之心而称之曰性。夫既同然而皆有,此即孔子所谓性相近也。惟孟子不仅说其相近,又实说之曰善。仁与孝弟忠恕爱敬岂不善? 既为人心之所同然而皆有,其彼我之间又甚相近,此正一切人道之生根发芽处,故孟子之说,实即孔子之说,无甚违异也。

所谓仁义礼智,所谓孝弟忠恕爱敬,皆属人事,亦皆出于人心,故孟子之所谓性,亦专指人性言。其谓性善者,亦特言人之性善而已。故孟子道性善,言必称尧舜。尧舜亦人也,所谓圣人与我同类者。告子曰："生之谓性。"孟子非之,曰:"生之谓性也,犹白之谓白与?"此处之辨,极关重要。犬牛与人同有此生命,却不能说犬牛与人同有此心灵。犬牛不知仁义礼智,不知孝弟忠恕爱敬,犬牛之心与人类不同,即不能说犬牛之性与人类相似。故只能说人之性善,不能说犬牛之性皆善。故孟子只谓善是性,却不说生命是性。因说善是性,始见人性之独特处,若说生命是性,即犹云能知觉运动者是性,则人性与犬牛之性便无甚相异。因人与犬牛同有生命,同能知觉运动,则告子生之谓性一语,至多只说到生物之性,却未说到生物中之人性。孟子言性善,本就人性言,故不能赞同告子生之谓性之说。其实告子言性,其主要意义亦在说人性,而却只说得生之谓性,则只说到人与生物之共同处,未说到人对生物之独特处。如说孔子乃鲁国人,此语本不错,然只说了孔子与其他鲁国人之共同处,未说到孔子对其他鲁国人之独特处。孟子则定要说孔子是圣人,便不该把孔子与其他鲁国人并列,而应与伊尹伯夷柳下惠或尧舜文王周公并列。故孟子道性善,即以人与尧舜并列,若说生之谓性,则以人与犬牛并列,此处之辨,不可不细剖。

根据上所剖析,可以明白下引孟子一番话的意义。孟子曰:

> 口之于味也,目之于色也,耳之于声也,鼻之于臭也,四肢之于安佚也,性也,有命焉,君子不谓性也。仁之于父子也,义之于君臣也,礼之于宾主也,智之于贤者也,圣人之于天道也,命也,有性焉,君子不谓命也。

孟子此处提出性命之辨,实也可说是天人之辨,或人禽之辨。孟子之所谓命,我们不妨称之曰天命,大体上是由于外的成分多。孟子所谓性,我们不妨称之曰人性,大体上是具于内的成分多。生命之得来,并不由此生命自己作主,自以从外面得来为主,孟子则称之曰命。德性之完成,则应赖自力,孟子则称之曰性。禽兽的生活,生命成分多于德性,外造重于自成。人类的生活,则应是德性进于生命,自成胜于外造。故《论语》说"杀身成仁",孟子亦说"舍生取义",可见人类可有亦应有为完成其德性而舍弃其生命之自觉,却不该专因保全生命而破坏了德性。固然德性的根柢亦从生命来,亦可说一般生命中,自有各具的德性,因而禽兽生命中,亦时有其本所具有的德性之流露。然此类只可说是人类德性之雏形或幼苗。而且禽兽只能有生命之自觉,不能有德性之自觉。即说禽兽也可自知自己有生命,却不能自知自己有德性。若人类之德性,则从生命继续演进而完成,而人类自身对于此种德性,亦能有一种极深微极清楚而且极亲切的内觉与自感。因此人类生命究竟与禽兽不同。禽兽生命偏于外造,即天命的,亦可说自然的。而人类生命中因有此种德性之创出与完成,而此种德性又是内感与自觉的分数多了,因而我们可以说,人类生命比较偏于自成,或说是人性的,或说是人文的。此种生命,确然与禽兽生命有不同。孟子将此人禽所同者称之曰命,即同属自然的,而将此人禽所异,即人类生命中之所独有者,而始称之曰性,此当为人文的,虽亦同样可说其是一种自然,而究是一种人生所独有之自然,此则孟子与告子论性之绝大不同点。

以上说法，一面可以说明孟子性命之辨的意义，同时也可以说明孟子心物之辨的意义。孟子书里心物之辨到处可见，他说：

> 体有贵贱，有大小，养其小者为小人，养其大者为大人。

又曰：

> 耳目之官不思而蔽于物，物交物，则引之而已矣。心之官则思，此天之所以与我者，先立乎其大者，则其小者弗能夺也，此为大人而已矣。

心官与耳目之官，同属自然，同属生命之一体，而其间有小大贵贱之别。耳目之官为人禽所同，心官为人类所独。故曰"天之所以与我"。生命亦天之所与，然天并非以生命专与之人类，故就人类言，独曰此心乃天之所以与我者。人若专顾养了耳目之官，则仅知有生命，与禽兽何异。若更知顾养心官，则于生命之上并知有德性，始得卓乎成其为人类。故孟子说："尽其心者知其性也，知其性则知天矣。"因人类之心性，乃天所独赋予人类，而未以畀之禽兽之凡有生命之属者，故非尽心知性，亦无以知天之所以与人以独厚也。

（二）

现在再把孟子论性大旨，扼要一说，则有两点最须注意。第

一，孔孟论性，专就人性言，并不兼及物性。第二，孔孟论性，乃
即就人心之流露呈现处指点陈说。所以于此两点特须注意者，
因此后下及秦汉时代之新儒家，其论性便不如此。此可以《易
大传》与《小戴礼记》中之《中庸》篇为代表而申述之。《中庸》
云："天命之谓性，率性之谓道。"开宗明义，便与孟子意味有别。
孟子将性命分别疏说，《中庸》却把性命混为一谈。孟子所说之
性重在心，《中庸》所说之性却重在天。心偏内，演出为人文。
天偏外，本之于自然。若照《中庸》说法，以天命为性，则人禽同
具天命，便与告子生之为性之说转相近。所以《中庸》又说：

能尽己之性，则能尽人之性，能尽人之性，则能尽物之
性，能尽物之性，则可以赞天地之化育，可以赞天地之化育，
则可与天地参。

此处将己性人性物性一串说下，好像人己之间与人物之间同样
没有多大分别。若在孟子，则说凡同类者皆相似，尧舜与我同
类，人己之间诚可谓无大差异，而人物之间则差异甚大。犬牛之
性决不能与人之性相提并论。尽己之性，尽人之性，未必即可以
尽犬牛之性。而且《中庸》里的物字，又像并不专指有生物言，
应尚涵有无生物。《中庸》似亦认他们有性，然岂得谓只尽得己
性人性，便可尽得犬牛之性，乃至一切无生物之性？此在孟子决
不如此说，这里便是孟子与《中庸》言性之大分别处。
　　今再说"率性之谓道"。当知《中庸》此一道字，并不指的仁
义礼智或孝弟忠恕爱敬而言，实乃指天地之化育言。换言之，此

《中庸》之所谓道，亦属自然的，而不尽属人文的。故曰"道也者，不可须臾离也"，人岂能须臾离此大自然，又岂能须臾离此天地之化育乎？又曰：

> 中也者，天下之大本也，和也者，天下之达道也。致中和，天地位焉，万物育焉。

可见《中庸》言道，必极乎天地位万物育，并不如孟子只说仁义礼智孝弟爱敬。须知仁义礼智孝弟爱敬，只是人道而已，《中庸》则多指天道。天道中自可包有人道，却不能谓人道即尽得了天道。故《中庸》曰："君子之道，造端乎夫妇，及其至也，察乎天地。"孔孟皆以孝弟为人道之本，而《中庸》则必以夫妇之道为人道之本，此亦有故。由孝弟推之仁义礼智尽属人事。由夫妇推之，乃始与天地化育呼吸一气。《中庸》言道之极，既必察乎天地，故其造端开始，亦必以夫妇之生生化育为主。《中庸》又说："天地之道可一言而尽，其为物不贰，则其生物不测。"又曰："大哉，圣人之道，洋洋乎发育万物，峻极于天。"又曰："道并行而不相悖，万物并育而不相害。"可见《中庸》道字，必说到万物之发生化育，则宜乎谓君子之道必造端乎夫妇矣。孝弟本于人文，夫妇则较多出于自然。故《中庸》虽亦常说孝，而亦复与孟子不同。孟子言孝，只就孩提之童爱亲敬长之良知良能言之，《中庸》则必以舜文王武王周公之尊为天子，富有四海之内者为大孝。孟子主从内面说，《中庸》转向外面说。故处处说来皆可不同。可见《中庸》与《孟子》两书意味，确乎有别。孟子只言人事，《中庸》所重则偏在天道。因此孟子论性乃专指人性言，《中庸》论性则必兼包物性。孟子论性，即就人心之发露呈现处指点陈说，《中庸》论性，则必从维天之命于穆不已处推说根源。孟子即心见性，《中庸》则必本乎天以见性，其实则为即物而见性，此孟子《中庸》二者之别也。

《易系》与《中庸》代表同一时代的思想，其态度意趣多相似。故曰：

> 一阴一阳之谓道，继之者善也，成之者性也。

一阴一阳，则天地万物有生无生统统包括，如此言性，不仅不专限于人性，亦并不专限于生之性。凡属天地万物莫不有性。一物即有一性。不仅犬牛有性，一切无生物亦有性。如火性炎上，水性润下是也。故曰："乾道变化，各正性命。"凡属一阴一阳全是道，凡属万物化成全是性。此与《中庸》"天命之谓性，率性之谓道"极相似。因此《易系》对善字的看法，亦绝与孟子不同。孟子说："可欲之谓善。"显指人心人事言。《易系》说："一阴一阳之谓道，继之者善也。"善正在此一阴一阳之继续不断处。故善即是道，即是天地万物之发生化育。性则是天地万物在发生化育中到达了一个完成的阶段。完成并非终止停息之意。天地万物永远在发生化育，即永远不断有其完成的阶段。天地万物一面完成，一面还是继续的发生化育。大而言之，成阴成阳，即已在一种完成阶段中，因此阳有健性，阴有顺性。但一阴一阳还是继承不断，此即所谓善。所谓至健至顺，亦即指此一阴一阳之继承不断言。因此性即是善，善即是道，道与善与性实非三物，而是一体。但此处所谓性，显不限于人性，道亦显不限于人道，因此其所谓善，亦决不限于人事中之善恶。固然《易系》亦说"成性存存，道义之门"。人事上之道义，还是从性分中流出，但《易系》性字范围，却不限于人事间之道义而止。大体上《易系》之所谓性与道，乃与《中庸》同其性质。若用近代语说之，孔孟言性属于心理的，而《易》《庸》言性则推极于生理的与物理的。孔孟言性，只在人生范围中，而《易》《庸》言性，则转属于宇宙范围。

（三）

《易》《庸》与《论》《孟》间的分别，形成了古代儒家思想之两大系统。汉儒见解，多承袭《易》《庸》。魏晋以下，道释两教得势，儒家思想与彼两方思想较接近而可以相会通，又可以比量得失者，自推《易》与《中庸》。因此魏晋隋唐时代的儒家思想，依然偏在《易》《庸》方面。直到宋儒，始再回头看重《论》《孟》。但对《易》《庸》一系的理论，无形中感染甚深，因此常不免将《论》《孟》《易》《庸》两系思想搅在一起，而自不免在此中间发生矛盾冲突。这一现象，最显著者便表现在程朱的学说里。此下先言二程，再及朱子。

二程极尊孟子，然论性颇近《易》《庸》。第一，二程明白赞成告子"生之谓性"之说，故曰：

告子言生之谓性,通人物而言之也。孟子道性善,极本
源而语之也。生之谓性,其言是也。然人有人之性,物有物
之性,牛有牛之性,马有马之性,而告子一之,则不可也。
(《二程粹言》二)

此处谓人有人之性,马有马之性,告子一之不可,其意似偏向孟
子,而实则不然。伊川他日又云:

生之谓性,止训所禀受也。天命之谓性,此言性之理
也。今人言天性柔缓,天性刚急,俗言天性皆生来如此,此
训所禀受也。若性之理也,则无不善也。曰天者自然之
理也。

又曰:

犬牛人其性本同,但限以形,故不可更。如隙中日光,
方圆不移,其光一也。惟所禀各异,故生之谓性,告子以为
一,孟子以为非也。(《遗书》二十四伊川语)

伊川又说:

人之性犹器受光于日。(《遗书》三,又《粹言》二)

观此诸条,可见二程虽亦谓犬牛之性与人性不同,然论其本源却

属同一。譬如日光，方器受之为方，圆器受之为圆，器上日光有方圆，日光本体并无方圆。在禀受上人禽有别，而在天之与之者言，则本原无二，同是一性。此种性论，较近《中庸》，而与孟子迥异。孟子只就人心见性，《中庸》始从天命见性。今二程谓天命之谓性，此言性之理，则无不善。则性如另是一物，其物至善，落在人身上，则如日光照圆器而为圆，落在犬牛身上，则如日光照方器而为方。如此说来，却成为是性本至善，限于器物之禀受而有不善。若论本源处，则岂非人性物性同一天命，同无不善乎？此等见解，显见与告子《中庸》见解相近，与孟子见解相远矣。然二程所说，又自与《中庸》有分别处。《中庸》谓天地化育万物，故物性尽属天命。如此则把人与物的大分别，似乎漫灭了，此是《中庸》之近于道家老庄处。而二程尊向孟子，注意于人与物之不同，于是还有器受日光之譬喻，如是则成为天所命者只如日光，而那方圆之器又自何来？故张横渠天地之性与气质之性之分疏，虽为程朱赞许，到底与孔孟大异，抑且非《易》《庸》老庄之意，无怪要受后儒之驳难。

二程既主生之谓性之说，又主不论有生无生，物各有性之说，此又是《易传》与《中庸》见解。故曰：

> 天下更无性外之物。(《遗书》十八伊川语)

如此，则人与万物同在性之范围内，为同属一天命之性。但二程毕竟又要分辨其不同处。此为二程接受孟子之影响，二程所认为人性物性之所以不同，则只在形气之间。故曰：

形易则性易,性非易也,气使之然也。(《遗书》二十五伊川语)

伊川又说:

> 动物有知,植物无知,其性自异,但赋形于天,其理则
> 一。(《遗书》二十四伊川语)

此处又说性异而理则一。理即天命之理,譬之如日光。性即禀
受之性,譬之如日光照器而为方圆。然若论日光,则非有二。故
二程又常言性即理,如此则性在本源处,在天之授与处,即为理
而无不善。其落在禀受之后,则性各异而不能无不善矣。

　　故照二程之意,若从本源处论,则人与万物皆属至善。
故云:

> 万物皆备于我,不独人尔,物皆然。都自这里出去,只
> 是物不能推,人则能推之,几时添得一分。不能推之,几时
> 减得一分。百理具在,平铺放著。(《遗书》二上)

又说:

> 天地之间,非独人为至灵,自家心便是草木鸟兽之心
> 也,但人受天地之中以生尔。(《遗书》一)

故又说:

> 仁则一，不仁则二。(《遗书》三伊川语，又《粹言》一)

又曰：

> 仁，性也。(《粹言》一)
> 仁者以天地万物为一体，莫非我也。(《粹言》一)

故若推论至本源处，则人与万物同一体。换言之，即同一性，同一理，同一命也。此等意见，孟子书中绝未之有。孟子以孩提之童之良知良能说性善，二程则谓：

> 万物皆备于我，此通人物而言。禽兽与人绝相似，只是不能推。然禽兽之性却自然，不待学，不待教，如营巢养子之类是也。人虽是灵，却梏丧处极多。只有一件，婴儿食乳，是自然，非学也。其他皆诱之也。欲得人家婴儿善，且自小不要引他，留他真性，待他自然，亦须完得些本性，须别也。(《遗书》二下)

又曰：

> 万物皆有良能，如每常禽鸟中做得窠子极多巧妙处，是他良能，不待学也。人初生只有吃乳一事，不是学，其他皆是学，人只为智多害之也。(《遗书》十九伊川语)

此处谓人性善推,此义自属取诸孟子。至谓人物相似,而物转自
然,人为智害,此义实近庄周道家。由告子《中庸》本与道家思
想相通,今二程论性既近《易》《庸》系统,自当与道家相近。故
孟子言性善,就孩提之童之爱亲敬长言,二程则从婴儿食乳与禽
之营巢言,此即近代生物学上之所谓本能之说也。

惟天地间无不照物的日光,亦无不落禀受的性,故论性不能
专从本源处说。所谓"论性不论气不备,论气不论性不明"。
(《遗书》六,又《粹言》二)既论到气,即不能无不善。故曰:

气有善不善,性则无不善也。(《遗书》二十一下)

又曰:

生之谓性,性即气,气即性,生之谓也。人生气禀,理有
善恶,然不是性中元有此两物相对而生也。有自幼而善,有
自幼而恶,是气禀有然也。善固性也,然恶亦不可不谓之性
也。盖生之谓性,人生而静以上不容说,才说性时便已不是
性也。凡人说性,只说继之者善也,孟子云人性善是也。夫
所谓继之者善也者,犹水流而至下也。皆水也,有流而至海
终无所污,此何烦人力之为也。有流而未远,固已渐浊。有
出而甚远方有所浊。有浊之多者,有浊之少者。清浊虽不
同,然不可谓浊者不为水也。如是则人不可以不加澄治之
功。用力敏永则疾清,用力缓怠则迟清。及其清则却只是
元初水也,亦不是将清来换却浊,亦不是取出浊来置在一

隅。水之清则性善之谓也，故不是善与恶在性中为两物相对，各自出来。此理，天命也，顺而循之则道也，循此而修之各得其分，则教也。(《遗书》一)

此等说话，极见其周旋为难处。既要如孟子般主张性善，又说气禀理有善恶，故不得不说成恶亦不可不谓之性，又说成才说性时便已不是性，因此性已落禀受，已有恶的夹杂，故已不是本原至善之性。于是又说孟子说性，只说了一个继之者善，亦未说到本原的性上。如是则二程所谓本原之性，乃是一悬虚的，不着实际的。落到实际，则陷入了气的拘限中。如此则就本源言，人禽皆属善，就气质言，人亦不能无恶。其所以与孟子相异，则因兼采了《易传》与《中庸》。惟因二程要迁就孟子，因此把恶的部分诿罪于气质，如此则不仅异于孟子，亦又异于《易传》与《中庸》矣。

二程又说气禀是才不是性，此亦一种迁就之说。其言曰：

性无有不善，其所以不善者才也。受于天之谓性，禀于气之谓才。才之善不善，由气之有偏正也。木之曲直，其性也。或可以为车，或可以为轮，其才也。然而才之不善，亦可以变之，在养其气以复其善耳。(《外书》七)

又曰：

受于天之谓性，禀于气之谓才。才有善否，由气禀有偏正也。性则无不善。能养其气以复其正，则才亦无不善矣。

（《粹言》二）

此等强分性才之辨，即程门弟子，亦已疑其与孟子不合，当时曾有极详密的诘问，但程子并不能确切的答复，只鹘突梭梧过去。（详《遗书》十九杨遵道录伊川先生语，此不备引。又《遗书》十八，伊川亦自言才犹言材料，若毁凿坏了，亦岂关才事，是伊川亦并不能坚持前说也。）其实《易传》言一阴一阳之谓道，则一阴一阳即本是善，《中庸》言天地之化育，则天地化育亦应是善。今二程分别天与气而二之，而二程意中之天，又不能返之于上古素朴的天帝之天，则天者乃是理，而理气划分两截，为以后朱子思想之所本。

二程既分理与气而为二，于是既谪才，又贬情。他说：

> 在天为命，在义为理，在人为性，主于身为心，其实一也。心本善，发于思虑则有善有不善。若既发，则可谓之情，不可谓之心。譬如水，只谓之水，至于流而为派，或行于东，或行于西，却谓之流也。

又曰：

> 喜怒非出于外，感于外而发于中也。湛然平静如镜者，水之性也。及遇沙石，或地势不平，便有湍激。或风行其上，便为波涛汹涌，此岂水之性也哉。人性中只有四端，又岂有许多不善底事，然无水安得波浪，无性安得情也。（以上

均《遗书》十八伊川语）

程门如此言性，性成了一个本原的，人生而静以上不容说的，未发的，湛然如镜的东西，而其实的人生，只一着地，一落实，一发一动，便已不是性，便是才是情，便有许多不善。如此说来，一面固不是孟子道性善之性，一面亦已不是告子生之谓性，《中庸》率性之谓道之性矣。

但二程的意思，究竟偏近于《易》《庸》，只要一时摆脱孟子，则说来还是告子《易》《庸》之意见。程子有云：

> 生生之谓易，是天之所谓道也。天只是以生为道，继此生理者即是善也。万物皆有春意，便是继之者善。成却待他万物自成其性须得。

又曰：

> 告子云：生之谓性则可，于中却须分别牛之性，马之性。天命之谓性，率性之谓道者，天降是于下，万物流行，各正性命者，是所谓性也。循其性而不失，是所谓道也，此亦通人物而言。循性者，马则为马之性，又不做牛底性，牛则为牛之性，又不为马底性，此所谓率性也。人在天地之间与万物同流，天几时分别出是人是物？修道之谓教，此则专在人事。以失其本性，故修而求复之。若元不失，则何修之有？成性存存，道义之门，亦是万物各有成性，存存亦是生生不

已之意，天只是以生为道。(《遗书》二上)

如此诸条，乃程子专就告子《易》《庸》为说，但《易》《庸》本受道家思想之影响，乃把孔孟传统放宽一步说之，而程子心中，则依然存着孟子一派吃紧为人的意思，因此在《易》《庸》中放宽说之者，到程子口里，又不免要着紧的说，如此则说成万物自然，各成其性，而人生则转易失却自然，失却本性，如此则岂不较之《易》《庸》为转更近于庄周道家之意乎？当知在《易》《庸》作者的胸中，并不如此想，而程子要把《易》《庸》与孟子牵合，便不觉走上了又一条路。因此程子把宇宙人生分作两截，一截是形而上，人生而静以上不容说的，未发以前的境界。另一截是形而下，人生而静以下，既发以后的境界。此种两截的宇宙观，实非《易》《庸》之本意。程子把性既分成本原的与禀受的两截，则不免使人要时时回头去看本原的前一截境界。因此程门修养工夫，也不免要落到常使人去静坐看未发以前气象。此种工夫，不仅孟子没有，亦《易》《庸》所未道。

惟其程门的宇宙观，分成前后两截，因此程子也不大情愿常讲《中庸》《易经》里的所谓道。因《易》《庸》中所谓道，只本是生生不已，已发未发，一滚而下，并不分成两截，由此便与程子意趣不同。程门遂把《中庸》率性之谓道，《易传》一阴一阳之谓道的道字搁下，另抬一理字来替代。程子说：

性即理也，所谓理性是也。天下之理，原其所自，未有不善，喜怒哀乐未发，何尝不善。发而皆中节则无往而不

善。（《遗书》二十二上伊川语）

又曰：

> 天命之谓性，此言性之理，若性之理则无不善，天者自
> 然之理也。（《遗书》二十四伊川语）

伊川有时亦说：

> 道与性一也。（《遗书》二十五）

明道亦说：

> 道即性也，若道外寻性，性外寻道，便不是。（《遗书》一）

但到底还是爱说性即理，不大情愿说性即道，这里便是程氏与
《易》《庸》之分途处。缘言道，则一片自然滚将出来，言理则严
静独立，超乎物外。道太松弛，理则严紧。道太活动，理有规范。
程子说：

> 天下物皆可以理照，有物必有则，一物须有一理。（《遗
> 书》十八伊川语）

一物须有一理，便是说无理外之物，亦即是无性外之物也。因此

《易》《庸》里的天道观，到程子手里便改成了天理观。孟子本说尽心知性，尽性知天，程门则更爱说穷理尽性以至于命。孟子尽心是使人求之内，程门穷理则使人求之外。

程子说：

> 穷理尽性至命，只是一事，才穷理便尽性，才尽性便至命。（《遗书》十八伊川语）

又说：

> 穷理尽性以至于命，三事一时并了，元无次序。不可将穷理作知之事，若实穷得理，则性命亦可了。（《遗书》二十一明道语）

又说：

> 穷理尽性以至于命，一物也。（《遗书》十一明道语）

又曰：

> 穷理尽性至命，一事也。因指柱，曰：此木可以为柱，理也，曲直者性也，其所以曲直者，命也，理性命一而已。（《外书》十一）

可见穷理尽性以至于命，是程门常常称引的话。而且认为穷理尽性至命三语只是一事。横渠谓：

> 二程解穷理以至于命，只穷理便是至于命，亦是失于太快。此义尽有次序，须是穷理，便能尽得己之性，则推类又尽人之性，既尽得人之性，须是并万物之性一齐尽得，如此然后至于天道也。其间煞有事，岂有当下理会了。（《遗书》苏季明录《洛阳议论》）

只因二程认为性即理，故谓穷理即是尽性，照孟子原义讲，自然是横渠所驳者为是。但横渠亦主张义理之性与气质之性的分别，论大体还与二程相差不远，所以朱子谓："气质之说起于张程，某以为极有功于圣门，有补于后学也。"孟子论性，只是即心见性，尽心知性，教人反而求之己，思则得之。一到程门，则一面要人求之人心以前的天命，一面又要人求之人心以外之物理，此即所谓敬义夹持，敬以涵养，集义然后有事。又曰："涵养须用敬，进学则在致知。"此种教法，成为程门的一种特殊面目，格物穷理的理论，不仅与孟子异，抑且与《易》《庸》异。

上述程门议论，自然要到伊川晚年始阐发到如此详密。明道与伊川，自然也有许多小出入异同处，但就大体论，穷理尽性以至于命的见解，明道伊川本属一致。明道又说："学者须先识仁，仁者浑然与物同体。"又言"《西铭》备言此理"。（《识仁》篇）以天地万物一体言仁，此意亦始于程张。《论》《孟》言仁并无此说。明道又云：

> 性无内外,天地之常,以其心普万物而无心,圣人之常,以其情顺万事而无情。(《定性书》)

只从此等扼要处看,明道意见实与伊川无甚差异。伊川后来,只是慢慢向里面发挥得更透更尽而已。

(四)

朱子的理气论,大体沿习二程,而尤更阐发到尽头处。二程说话,尚多偏人生方面,朱子始正式推扩到宇宙论上来。朱子说:

> 未有天地之先,毕竟也只是理,有此理便有此天地。若无理,亦无天地,无人无物,都无该载了。有理便有气,流行发育万物。

老庄言道先天地,道即气。今朱子言理先天地,理与气虽是一体,但必分说。理不即是气,但必附搭在气上,故成为理气浑合之一元。他又说:

> 天下未有无理之气,亦未有无气之理,有个天理了,却有气,积气为质而性具焉。(以上《语类》卷一)

如此再从宇宙降落到人生。朱子的理字,便代替了上古天与帝的地位。朱子说：

> 帝是理为主。苍苍之谓天，运转周流不已，便是那个。
> 而今又说有个人在那里批判罪恶，固不可。说道全无主之
> 者，又不可。这里要人见得。（《语类》卷一）

因庄老言道，不复须主宰，故转成万物自然。朱子也如二程般宁肯说理，不大情愿说道。因说理，便见有一主宰。换言之，则是有了一所以然。有了所以然，便非尽自然。故程子说一阴一阳只是气，所以一阴一阳者是道。此为程朱与《易》《庸》最大分别。此种分别，则见程朱运思之精密。故朱子说：

> 道是总名，理是细目。道字包括得大，理是道里面的许
> 多理脉。道字宏大，理字精密。（《语类》卷六）

程朱与《易》《庸》老庄的分别，亦正是一个宏大与精密的分别。

朱子论性既全承二程，朱子又曾明白指出二程论性与孟子之不同。他说：

> 性是理，然无那天气地质，则此理没有安顿处。孟子之
> 论尽是说性善，至有不善，说是陷溺。是说其初无不善，后
> 来方有不善耳。若如此，却以论性不论气，有些不备。却得
> 程氏说出气质来接一接，便接得有首有尾，一齐圆备了。

又说：

> 孟子言性与伊川不同。孟子是剔出而言性之本，伊川
> 是兼气质而言。说性须兼气质说方备。孟子未尝说气质之
> 性，程子论性所以有功于名教者，以其发明气质之性也。

又说：

> 孟子说得麄，说得疏略，孟子不曾推原源头，不曾说上
> 面一截，只是说成之者性也。（卷四）

只看上引诸条，便知朱子论性完全遵循二程，而与孟子不同。又
明说他们所说较之孟子更精密。即朱子的理气论，亦从程子论
性的见解上推衍引申而来。朱子所谓理，乃从程子天命之性本
原之性上引申。朱子所谓气，则从程氏禀受之性，气质之性上引
申。惟程子虽说到天命本原，却没有在此本原上再推阐详说。
朱子则从程子性即理也之说，更进一层论之，确说理即是天命本
原，未有天地之先，毕竟有理了。如此遂比程子更进一步，正式
闯进了形而上学的境界。程门教法，一面教人看喜怒哀乐未发
以前气象，来体悟天命之本原。一面叫人格物穷理来贯通物理
之万殊。到朱子把理字看做天命本原，则程门两条教法，大可并
成一条。因此，朱子虽然主张居敬穷理，两面兼顾，其实朱子精
神早已偏重在穷理一边。只要能穷得理，则上一截的天命本原，
与下一截的气质分殊，均已包括无遗。在程子尚说孟子论性是

说的天命本原之性，朱子只说孟子说性是剔出来的，即是从气质禀受之性中剔出来，而只说了天命本原之性，但亦并没有真说着了此天命之本源。因此又说孟子不曾推原源头，不曾说上面一截。此乃朱子自指其未有天地之先，毕竟也有理的一番见解而言。

然理实无是物，朱子说：

> 理毕竟却无形影，只是一个道理。（卷四）

又说：

> 理是条理，有文路子。文路子当从那里去，自家也从那里去；文路子不从那里去，自家也不从那里去。须寻文路子在何处，只挨着路子行。

又说：

> 理如一把线相似，有条理。如竹篮子相似。指其上行篾曰："一条子恁地去。"又别指一条曰："一条子恁地去。"
> 又如竹木之文理相似，直是一般理，横是一般理。（卷六）

故理不是物，不是那竹篮子，只是那竹篮子上的文路。那文路那能脱离竹篮子，而自成为文路。所以说朱子主张理气二元实不是。朱子所以看重格物穷理，其意只叫人在竹篮子上寻那文路。

那些文路也究竟不能自己推动,自己向前,理只是一个应该,一个所以然,却不是一个想怎么与要怎么。理只是规范,非动作。倘那天地只有一理,又如何运行? 如何活动? 所以理必与气相配搭。朱子说:

> 天地初间,只是阴阳之气,这一个气运行,磨来磨去,磨得急了便拶出许多渣滓。(卷一)

故天地万物之推动向前实是气。朱子说:

> 理是一个净洁空阔的世界,无形迹,他却不会造作。气则能酝酿凝聚万物也。但有此气,则理便在其中。(卷一)

但此处,仍有一问题待解决。若气的运行自然依着理,则如《易传》所谓一阴一阳之谓道,《中庸》所谓天命之谓性,率性之谓道,只说一个道便已得。道的自身便已是自然,能动能前,岂不直捷? 但程朱见解不欢迎此种自然能动能前之道,如此则不烦人生更有所作为了。因此必要换上一个理字。程朱只在人事上说道。关于天地一边,则宁说天理,不大说天道。因说天理,比较有路子,有规定性,有拘束性。若说天道,则嫌太活泼,太自由,没把捉。不烦人自有作为了。但虽如此,理依然是一条文路子,文路子最多是有规定,没有活动。依然要那气来自己磨,磨得急了,拶出许多渣滓。不用说这些渣滓便是恶,故程子要说恶亦不可不谓之性。故照程朱意,只有理始是最本原的有善无恶,性则不免已落第二义。故只可说性即理，不容说理即性。

试再从此看朱子的性论。朱子说：

> 性即理也，在心唤做性，在事唤做理。性只是此理。性
> 是合当的，性则纯是善底，性是天生成许多道理散在处为性。

又说：

> 只是合如此底，只是理，非有个物事。若是有底事物，则
> 既有善亦必有恶。惟其无此物，只是理，故无不善。（卷五）

又说：

> 枯槁之物亦有性，亦有理。（卷四）

朱子意思，性并无此物，只是指的许多合当底道理，合当底道理
岂有不善，故说天地本原之性是纯乎善的。但那许多合当底道
理，只是平铺的净洁空阔的，不能有所酝酿造作。因此朱子说理
则必要挂搭在气上，说性也必要寄放在心上。与孟子之即心见
性却微有不同。

朱子之分辨心性，一如其分辨理气。朱子说：

> 性犹太极也，心犹阴阳也。（卷五）

所谓太极便是理,阴阳则是气。朱子的宇宙论,大部袭自周濂溪。濂溪说:"太极动而生阳,动极而静,静而生阴。"似乎太极本身便有动。但就朱子说来,太极与阴阳是一体而相对列,动静的是阴阳,太极只是该载在动静里面的一个理,这个理,却非自己能动。朱子又说:

> 性便是心之所有之理,心便是理之所会之地。

又说:

> 必以性为体,心将性做馅子模样。盖心之所以具是理者,以有性故也。

又曰:

> 心之理是太极,心之动静是阴阳。

又曰:

> 心者气之精爽。

或问灵处是心抑是性,曰:

> 灵处只是心,不是性。性只是理。

又曰：

> 所知觉者是理，理不离知觉，知觉不离理。

又曰：

> 所觉者心之理也，能觉者气之灵也。（卷五）

观上引诸条，可见朱子心性之辨，即犹其理气之辨。心属气，能动，因此便有善恶，不如性之纯善。或问心有善恶否？曰：

> 心是动的事物，自然有善恶。（卷五）

说心能动，是粗说，若细言之，则说心统性情。朱子曰：

> 伊川性即理也，横渠心统性情，二句颠扑不破。性是未动，情是已动，心包得已动未动，心如水，性如水之静，情则水之流，欲则水之波澜。

又说：

> 性以理言，情乃发用处，心即管摄性情者也。故程子曰：有指体而言者，寂然不动是也，此言性也。有指用而言者，感而遂通是也，此言情也。程子云：心譬如谷种，其中具

生之理是性,阳气发生处是情,推而论之,物物皆然。

又曰:

> 心之全体,湛然虚明,万理具是,无一毫私欲之间。其
> 流行该遍,贯乎动静,而妙用又无不在焉,故以其未发而全
> 体者言之,则性也。以其已发而妙用者言之,则情也。然心
> 统性情,只就浑沦一物,指其已发未发而为言尔,非是性是
> 一个地头,心是一个地头,情又是一个地头,如此悬隔也。
> (卷五)

统观此诸条,则所谓心是动的事物者,其实只就其所统情的一面
言。心既统摄性情,则该贯动静,不能专以动言。所以说:“心
如水,情是动处。”又曰:“性者心之理,情者心之动。”(卷五)说到
这里,再回头来看孟子。孟子道性善,似乎是在说水必流,流必
向下,孟子正指出那个水流必向下的那种动进而不已的明白的
倾向而称之曰性善。因此孟子所谓心性情,都是一种能动能前
而有明白倾向的。现在朱子把心情性三件剖析到很细微处,他
说只有情能动能有倾向,而他的倾向却又是可善可恶,不甚靠得
住。性则不像能动,心则包有此二者。这里的问题,则在如何把
这个不像能动的理(性)去管束那个能动而不甚靠得住的气质
(情)。程朱不肯放胆让这能动的气质自动去,却又不能把这个
能动的气质天然帖服在此不能动的理之下而听其指挥,如此则
似乎该再请一个第三者出来。因此朱子虽想把伊川敬义夹持的

两边工夫打成一片，但他讲到穷理时，势必仍抛不掉要居敬。正因程朱所讲的性与理，是平铺没气力的，而程朱所讲的气质，又不甚靠得住，不可放任，而除却此二者，又没有第三者，心统性情，心似乎是一第三者。心属气，但只在人之气质上有心，程朱似乎便把心来主宰此天地。但程朱说此心字，有细密规定。不像此下陆王之言心。故程朱只说性即理，而不说心即理。此中又大可研寻。

朱子又尝论天地之有心与无心，说：

> 若果天地无心，则须牛生出马，桃树上发李花。程子曰：以主宰谓之帝，以性情谓之乾，他这名义自定，心便是他个主宰处。所以谓天地以生物为心。某谓天地别无勾当，只是以生物为心。一元之气，运转流通，略无停间，只是生出许多万物而已。天地以此为心，普及万物，人得之，遂为人之心。物得之，遂为物之心。草木禽兽接着，遂为草木禽兽之心。只是一个天地之心尔。

又说：

> 万物生长，是天地无心处，枯槁欲生，是天地有心时。

又说：

> 心固是主宰底意，然所谓主宰者，即是理也，不是心外

别有个理,理外别有个心。

又说:

> 人字似天字,心字似帝字。(卷一)

此处明说要把心来主宰天地,此可谓程朱依然是孔孟《易》《庸》
之老路。孟子说:尽心知性,尽性知天。《中庸》说:天命之谓
性,率性之谓道,修道之谓教。《易系》说天地之大德曰生,生生
之谓易。程朱说法都把来包括会通了。但如此则仍有两条通路
在前面。一条是告子生之谓性的说法,一条是象山心即理也的
说法。因既主张天地只以生物为心,即不啻说天地只以生物为
理,亦无异说天地只以生物为性,如此岂不要走上告子与象山的
路。但这也非程朱的主张。所以朱子又说:

> 若指性来做心说,则不可。(卷四)

故朱子说的性与理,明明是在孟子《易》《庸》以外又新添了一
些。此所新添的,则不可不说是有佛法东来以后之影响,此篇未
能深涉,姑志其说于此。

又或问《论语》言仁处,曰:

> 理难见,气易见,但就气上看便见。且看春夏秋冬,春
> 时尽是温厚之气,仁便是这气象。夏秋冬虽不同,皆是阳春

> 生育之气行乎其中，故偏言则一事，专言则包四者。人心中皆有仁义礼智，然元只有一物，发用出来自然成四派。如破梨相似，破开成四片。

又曰：

> 当来得于天者只是个仁，所以为心之全体。却自仁中分四界子，一界子是仁之仁，一界子是仁之义，一界子是仁之礼，一界子是仁之智。心里只有四物，万事万物皆由此出。春生夏长，秋收冬藏，虽分四时，然生意未尝不贯。纵雪霜之惨，亦是生意。（卷六）

此诸条，专以仁字论心，显是孔子老路。由此再把孟子与《易》《庸》会合，而再创新说。所以朱子又要说：

> 仁义礼智是未发之性。（卷六）

如此又把仁义礼智与心字划分了，要是是未发之性，便不杂于气质，便又成了几件不能动的东西了。若果如上说，仁是生意，则天地间应有一种未发而不杂于气质之生意。此种生意既属未发，又不杂于气质，丝毫动不得，则其为生意者又何在？但朱子说理必挂搭在气上，则生意必落到气质上。若谓未有气质以前，毕竟先有此生意？如此则像是玄谈。但朱子本不许人分理气先后。只你定要问理气先后，他才说理先气后。则说先有了生意始有生，也未始不可。故程朱论性，分义理与气质而为二，又分宇宙人生为上下两截，若与孔孟《易》《庸》异，但亦可谓无大相违。

今再拈一小节论之，上面说二程不喜欢讲尽心知性，尽性知天，而喜讲穷理尽性以至于命。但到朱子手里，对那穷理尽性以至于命的话，亦不大段费力讲。因朱子发挥理字已到极高境界，穷理便是尽性至命，不用再多讲了。但朱子逐字逐句注解四书，对孟子尽心知性，尽性知天一语，终不能存而不论。而照朱子自己意见，则与孟子意见恰相反。此层在《语类》里记载极详，文烦不能引，姑举《集注》中语以见其概。朱子云：

> 心者人之神明，所以具众理而应万事者也，性则心之所具之理，而天又理之所出者也。人有是心，莫非全体，然不穷理，则有所蔽而无以尽于此心之全。故能极其心之全体而无不尽者，必能穷天理而无不知。既知其理，则其所从出亦不外是也。以《大学》之序言之，知性则格物之谓，正心则知至之谓也。

孟子明明说尽心始知性，尽性始知天，朱子偏说成尽性始知心知天，在朱子意，心属气，亦可善可恶，所以不教只在尽心上下功夫，要在尽性上下功夫。惟尽性先要穷理，穷理要赖此心，如是则理不便是心，性亦不便是心，而穷理尽性，则要在此心上下工夫。故用工夫者在心，而工夫有对象，此对象则非心。程朱大意略如此。

（五）

由上所说，《易》《庸》已较孔孟走远了一步，程朱则想缩合《易》《庸》与孔孟，而有些处，则程朱之于孔孟，却较《易》《庸》更走远了一步。但始终是在一条路线上向前，我们只要认此一条线，而行在线上的地位有不同，却不该说《易》《庸》程朱，都和孔孟不同，都错了。此下才有陆王兴起，有人问象山："先生之学亦有所受乎？"曰："因读孟子而自得之于心也。"只此一句，象山道尽了自己的学术精神。其脉络自孟子，其功夫则在自得于心。所以象山教人，只在发明各自的本心。象山说：

> 孟子云，尽其心者知其性，知其性则知天矣。心只是一个心，某之心，吾友之心，上而千百代圣贤之心，下而千百载而复有一圣贤，其心亦只如此。心之体甚大，若能尽我之心，便与天同，为学只是理会此。

象山要把人生一切义理力量全放到人之心上来，他说：

> 万物森然于方寸之间，满心而发，充塞宇宙，无非此理。孟子就四端上指示人，岂是人生只有此四端而已。

又说：

　　近来论学者言扩而充之，须于四端上逐一扩充，焉有此理。孟子当来只是发出人有此四端，以明人性之善，苟此心之存，则此理自明，当恻隐处自恻隐，当羞恶当辞让是非在前，自能辨之。

又云：

　　当宽裕温柔自宽裕温柔。当发强刚毅自发强刚毅。所谓溥博渊泉，而时出之

这里象山也和孟子有不同。孟子只说人心之同然者为性，象山则说成只此同然之心乃是一大心。故心体广大，在此广大心体中见你心与我心，其实全是此大心。孟子言心，可诉之于常识，而象山言心，则成为哲学的，形而上的。故象山说心，便不需再说性，象山只说心即理，可不再说性善。惟象山在此，似乎仅是引而未发，未透切说到尽头处。又有人问："心性才情如何分别。"象山云：

　　今之学者读书，只是解字，不求血脉。性情心才，都只是一般物事，言偶不同耳，只与理会实处，就心上理会，须是血脉骨髓理会实处始得。

象山又谓：

人欲天理分别得亦未是，人亦有善有恶，天亦有善有恶，岂可以善皆归之天，恶皆归之人，此说出于《乐记》，不是圣人之言。

又云：

天理人欲之言，亦自不是至论。若天是理，人是欲，则是天人不同矣。此其原盖由于老氏。《乐记》曰："人生而静，天之性也，感于物而动，性之欲也。物至知知，而后好恶形焉，不能反躬，天理灭矣。"天理人欲之言，盖出于此。《乐记》之言，亦根于老氏。且如专言静是天性，则动独不是天性耶。《书》云："人心惟危，道心惟微。"解者多指人心为人欲，道心为天理。心一也，人安有二心。自人而言则曰惟危，自道而言则曰惟微。罔念作狂，克念作圣，非危乎。无声无臭，无形无体，非微乎。因言庄子云，眇乎小哉，以属诸人，傲乎大哉，独游于天，是分明裂天人而为二也。（以上均语录）

此处象山最要的，不许人由读书来解字，只教人由读书来自得之于心。程朱分天命之性与气质之性，也是裂天人而为二，也正夹杂了道家思想在里面。象山不喜濂溪《太极图说》，由阴阳五行天地万物，讲到人生，亦正是道家路径，象山只从孟子，直从人心入。然既有了道家，儒家中便又产生了《易》《庸》。既有佛教东来，儒家中又产生了程朱，此是思想史上一条向前道路，有不知其然而然者。今象山要专一归之于孟子，其实孟子已多讲了性与天道，与孔子已不同。若依象山意，只应直归之孔子才是。更畅快言之，应直归之己心才是。象山意，天地间有善有恶，人心中亦同样有善有恶，天理是人心，人欲亦是人心。只人心自能知，自合天理，自能向上。心体广大，即天即理。此种说法，在象山亦并未详细阐说，总觉单薄，于是有待于阳明之继起。

阳明继续象山精神，畅阐其心即理之说。他说：

> 圣人之学，心学也。孔孟之学务求仁，而当时之弊固已有外求之者。夫子告子贡以一贯，而教以能近取譬，盖使之求诸其心也。孟子曰：仁人心也，学问之道无他，求其放心而已矣。又曰：仁义礼智非由外铄我也，我固有之，弗思耳矣。功利之徒，外假天理之近似以济私，不知既无其心，尚何有所谓天理。世儒支离外索，以求明其所谓物理，不知吾心即物理，初无假于外也。（《象山先生全集叙》）

又曰：

> 心之体，性也，性即理也。故有孝亲之心，即有孝之理。无孝亲之心，即无孝之理矣。有忠君之心，即有忠之理，无忠君之心，即无忠之理矣。理岂外于吾心耶。

又曰：

心外无理，心外无事。

又说：

> 所谓心便是那能视听言动的，这个便是性，便是天理。
> 有这个性才能生。这性之生理便谓之仁。这性之生理发在
> 目，便会视，发在耳，便会听，发在口，便会言，发在四肢，便
> 会动。都只是那天理发生。以其主宰一身，故谓之心。这
> 心之本体，原只是个天理，原无非理，便是汝之真己。

又曰：

> 良知只是个是非之心，是非只是个好恶，只好恶便尽了
> 是非，只是非便尽了万事万变。（以上皆《传习录》）

此等处，阳明说心即性，心即天理，从前孔子不言性与天道，孟子
便言了，《易》《庸》言性与天道更详，程朱又为心性天三字详加
分别。象山则只言一心，阳明又把性与天绾合到心上，力求简
易，而终不免言之单薄。惟阳明从心的能动能前有倾向的方面
来看性，则是其真接象山孟子处。

但阳明亦批评象山，说：

> 濂溪明道之后还是他，只是粗些。（《传习录》）

又说：

> 自宋周程二子，始复追寻孔孟之宗，而有"无极而太
> 极,定之以仁义中正而主静"之说。"动亦定,静亦定,无内
> 外无将迎"之论。自是而后有象山陆氏,虽其纯粹和平,若
> 不逮于二子,而简易直捷真有以接孟氏之传。其议论开阖,
> 时有异者,乃其气质意见之殊,而要其学之必求诸心,则一
> 而已。(《象山先生全集叙》)

此处阳明评骘象山地位还在濂溪明道之下。在阳明之意,似谓
象山在当时,只针对晦翁伊川毛病,教人返从心体实处下功夫,
而对其他方面,则一时精神照顾未全,他所说自是偏于人生部分
的多,而宇宙本原一边,则颇少涉及。他所说又多属心字,对性
字天字亦少阐发。象山精神之接近孟子处正在此。但自《易》
《庸》以下,儒家理论早已不能专一关闭在人生日常方面,而不
再涉及宇宙万物的广大范围,尤其是经过佛学传入,儒门淡泊,
几乎收拾不住人心,因此理学诸儒继起,也不能不多从宇宙本体
论上思索作解答。濂溪明道便是宋儒对此方面之开山,伊川晦
翁又推索得太远太尽。但此许多问题,为伊川晦翁所注意讨论
者,阳明还是不能不注意不讨论。大体上阳明龙场一悟,发明良
知,教人反向自心实下工夫,此固极似象山。但其他方面,似乎
阳明也并未能完全自己造成一崭新的系统。有些处,大体还要
承继濂溪明道,乃至伊川晦翁的见解。但从此等处推阐益进,便
不免要引起阳明学说自身内部的问题。

　　或问："生之谓性，告子亦说得是，孟子如何非之。"阳明曰：

　　　　告子认得一边去了，孟子亦曰：食色性也，这也是指气
　　说，故曰论性不论气不备，论气不论性不明。气亦性也，但
　　须认得头脑是当。

此处可见阳明除论心外还不得不论性，其论性则依然依着伊川
晦翁旧说。又说：

　　　　孟子说性，直从源头上说来，亦是说个大概。荀子性恶
　　之说，是从流弊上说来，也未可尽说他不是。

此处说孟子从源头上说性，即伊川本源之性之说。说荀子性恶
之说亦未尽不是，即程门恶亦不可不谓之性之说。是阳明言心
则主良知，言性反又要引荀子，那里面问题便复杂了。阳明
又说：

　　　　夫子说性相近，即孟子说性善，不可专在气质上说。

此若与伊川微异，但谓性不可专在气质上说，则大端仍是程门之
旧说。阳明又曰：

　　　　良知本来自明，气质不美者渣滓多，障蔽厚，不易开明。
　　质美者渣滓原少，无多障蔽，略加致知之功，良知便是莹澈。

又曰：

> 张黄诸葛韩范诸公，皆天质之美，自多暗合道妙。

此等处皆接近朱程。总之阳明论性，语虽无多，然从没有一句话说程朱分气质之性与本源之性是错了，可证阳明心中，至少已不自觉地接受了朱程的见解。

既承认有气质之性与本源之性之分别，便很易过渡到人心已发未发的问题上去。阳明说："如养得心体果有未发之中，自然有发而中节之和。"或问中字义：曰："是天理。"曰："天理何以谓之中？"曰："无所偏倚。"曰："无所偏倚是何等气象。"曰："如明镜然，全体莹澈，无纤尘染者。须是平日好色好利好名等项一应私心扫除荡涤，无纤毫留滞，而此心全体廓然，纯是天理，方可谓喜怒哀乐未发之中，方是天下之大本。"此等意见，甚近明道，亦与伊川无不合，但与孟子却有不合。因《中庸》在孟子后，根据《中庸》，即不易全合孟子。阳明又曰：

> 不思善不思恶时，认本来面目，此佛氏为未认本来面目者设此方便。本来面目即吾圣门所谓良知，今既认得良知明白，即已不消如此说矣。随物而格，是致知之功，即佛氏之常惺惺，亦是常存他本来面目耳。

佛氏认本来面目，亦犹程门看未发前气象也。常惺惺，又是程门高第谢上蔡所乐道。此等功夫，皆自宋儒始提出，实受道佛方外言修养之影响。宋儒术语多本之《易》《庸》，实际已羼杂了禅学。孟子似尚无此意。阳明倡为致良知之说，主张切实践履，即知即行，此等处亦均沿宋儒，而明白引及禅说，可知非孔孟古义也。又云：

> 良知所谓情顺万事而无情，无所住而生其心，佛氏曾有是言，未为非也。

此皆阳明承袭明道，而明白引及佛说之证。后来江右王门，便再从此途深入。晚明东林以下，又从此途转出，遂成由王反朱。大体此一途可归属于程门居敬工夫之一边，即向天命本源探求之一边也。

既讲到本源之性，既讲到未发之中，又很容易过渡到性的本体问题上去。或问："古人论性各有异同，何者为定论？"阳明说：

> 性无定体，论亦无定体。有自本体上说者，有自源头上说者，有自流弊处说者，性之本体原是无善无恶的，发用上原是可以为善可以为不善的，其流弊也原是一定善，一定恶的。

阳明此处谓性之本体，原是无善无恶，则明与孟子性善论相背。盖阳明此说实自濂溪"无极而太极"。阳明天泉桥四句教，明把自己说法分而为二。一为无善无恶是心之体，有善有恶是意之

动,知善知恶是良知,为善去恶是格物。此为钱绪山所守。一为
心是无善无恶的心,意是无善无恶的意,知亦是无善无恶的知,
物也是无善无恶的物,此为王龙溪所持。两派同为阳明所印许。
要之同主心体无善无恶,此即濂溪之无极而太极也。然其四无
教,则大为后起儒者所反对,亦可谓从来儒者皆无此理论。阳明
之说,则显从道释两家来。阳明又说:

> 无善无恶者理之静,有善有恶者气之动。

又曰:

> 汝心循理便是善,动气便是恶。

如此理气分说,分明又是沿袭朱子。只伊川晦翁以理为至善,而
阳明四无之说则说成一切无善无恶,在阳明意中,或是无善无恶
即是至善,在彼或犹谓即如濂溪之云无极而太极,而其实大不
同。龙溪泰州即循此议论而下,最后则为晚明代之狂禅,为后来
由王反朱论者攻王最大之借口,此又阳明学说中一未获定论之
大关节。

　　既讲到性之本体,又很容易过渡到天地万物与我一体的理
论上去。明道说:

> 仁者浑然与物同体。

如此言仁，显是明道说法，与孔孟古义有不同。孔孟言仁孝，只就人心人事上说，绝未说到与物同体。将天地万物看成一体，在儒家则始于《易》《庸》。北宋儒家最大文章说此事者，莫如横渠之《西铭》，程子谓："《西铭》备言仁体，秦汉以来学者所未到。"其推挹如此。然《西铭》理论，决非孔孟古义。正是秦汉以来学者见解耳。游酢初见《西铭》，即曰："此《中庸》之理也。"明道称之，谓能求之语言之外。杨时见《西铭》，即疑其言之过，谓其弊将流于墨氏之兼爱。其实墨子兼爱，尚限于人事，《西铭》主张万物一体，何止如墨子之言兼爱乎。其后伊川以理一分殊告杨时，杨时未敢坚持己说。要之当时程门高第弟子，固未尝无识透《西铭》理论之脉络者，既主万物一体，乃谓性外无物，又说：性即理也。伊川晦翁见解之后面，莫非有《西铭》天地万物一体的见解为之撑挂。故朱子《大学格物补传》，修齐治平明属人事，而须即凡天下之物而格，正为万物与我一体耳。阳明倡为良知之学，力求简易直捷，然于万物一体的理论，则未能自外。惟阳明不说性即理，而说心即理。此理字若指人事方面而言，固无不可。若指天地万物之理，谓皆具于吾心，则其说颇费周张。阳明又说：

> 人只要在性上用功，看得一性字分明，即万理灿然。

此处性字若偏指其赋予人者言，则此处所谓万理亦只能就人事上如孝弟忠恕爱敬等言。若如朱子之理气理，则非即凡天下之物而格，岂易遽明？阳明既主心即理，又讲万物一体，其间便自有难贯串处。《传习录》：

> 先生游南镇，一友指岩中花树问曰："天下无心外之
> 物，如此花在深山中，自开自落，于我心亦何相关。"先生
> 曰："你未看此花时，此花与汝同归于寂，你来看此花时，则
> 此花颜色一时明白起来，便知此花不在你的心外。"

此竟是一片禅机矣。如此则心体广大，包容了天地万物，与象山
之说正同。或问："人心与物同体，如吾身原是血气流通，所以
谓之同体，于人便异体了，禽兽草木益远矣，何谓之同体。"阳
明曰：

> 你只在感应之几上看，岂但禽兽草木，虽天地神鬼也与
> 我同体。充天塞地，中间只有个灵明。人只为形体自间隔
> 了，我的灵明，便是天地神鬼的主宰。天没有我的灵明，谁
> 去仰他高。地没有我的灵明，谁去俯他深。鬼神没有我的
> 灵明，谁去辨别他吉凶灾祥。离却我的灵明，便没有天地鬼
> 神万物了。离却天地鬼神万物，亦没有我的灵明，如此便是
> 一气流通，如何与他间隔得。

又问："天地鬼神万物，千古现在，何没有我的灵明，便俱无
了。"曰：

> 今看死的人，他这些精灵游散了，他的天地万物尚在

何处。

此等议论，几乎可谓是一种绝对的个人主义的唯心论。若照象山义，此心非一人一时之所得而私。象山谓：

> 宇宙内事，乃已分内事，已分内事，乃宇宙内事。

又曰：

> 宇宙便是吾心，吾心即是宇宙。东海西海南海北海有圣人出，此心同此理同也。千百世之上至千百世之下有圣人出焉，此心同此理亦莫不同也。宇宙不曾限隔人，人自限隔了宇宙。

此仍是唯心论，但不限在个人。正缘一人之心，即上下古今千万人之心，即长宙广宇无穷无尽之心，决非个人的。故非个人唯心论，但亦是一种宇宙唯心论，实不如程朱提出性字，又说性即理，又把理气分说之较为近情，而且亦决非孟子所谓人心之所同然之心矣。象山说心不该从躯壳上起念，亦不如明道心在腔子里，以及朱子心属气之说之较更近理也。故若把心性从人类推扩到万物身上去，则谓物皆有性犹可，谓物皆有心，此论便费周折。朱子亦说天地万物亦有心，然较象山说法显然近情。或谓人有良知，草木瓦砾之类亦有良知否？阳明曰：

　　人的良知即是草木瓦石的良知。若草木瓦石无人的良知,不可以为草木瓦石矣。岂惟草木瓦石,天地无人之良知,亦不可为天地。盖天地万物与人原是一体,其发窍最精处是人心一点灵明,风雨露雷,日月星辰,禽兽草木,山川土石,与人原是一体,故五谷禽兽之类皆可以养人,药石之类皆可以疗疾,只为同此一气,故能相通耳。

此等说法似近象山之宇宙唯心论,然实皆朱子所已言,惟在朱子言之较无病,在阳明言之,则甚觉其牵强。朱子就物论性,近《易》《庸》,阳明就心论性,近《论》《孟》。若就物论性,尽可说性外无物,枯槁木石死物皆有性。若就心论性,却不能说心外无物,不能说枯槁木石死物皆有心。性为人物所兼有,心则人类所独灵。就性言,则人物平等,各自有一性,会合言之,是一理,亦可说物我一体。若就心论之,或有心,或无心,或心灵,或心蠢,人物已不平等。再说物我一体,如阳明以上诸条之所说,则循此推演,上天下地,惟我独尊,有不为狂禅之归者几希?若就孟子原来议论,只就人心善端推扩出去,则亲亲而仁民,仁民而爱物,果从此观点而说天地万物一体,亦尚无不可。惟要说成天地万物本属一体,则势必从宇宙外面说来,即宋儒所谓从气的方面说之方得也。濂溪《太极图说》,即属此路,故为象山所不喜,至横渠《西铭》,二陆兄弟与朱子亦曾驰书相辩。大抵陆氏主从心上推扩而见其如此,朱子则主从物上穷格而见其如此。此两条路截然分明。今阳明唱说良知,自是偏属孟子象山一路,而其议论,时不免夹杂了程朱见解。如此等处,正是王学自身之病痛。

阳明见为象山粗，其实阳明则几成为妄矣。故从人生实践言，孟子之说本极平实，就哲理玄学言，象山之说似尚较允。而阳明之发挥象山，则未尽其功能也。

上文述孔孟《易》《庸》程朱陆王四派论性异同竟，若再扼要说之，则不妨将孟子《中庸》晦翁阳明作为此四派之代表。大抵孟子重在即心见性，一切从人心人事上推扩。《中庸》则重在因物见性，一切从天行物理上来和会。孟子切实简易，《中庸》阔大恢宏。孟子由内以及外，《中庸》举物而包人。这是显相殊异的两条路。晦翁偏近《中庸》，阳明偏近孟子。惟此两人似乎都承认孟子《中庸》自有障隔，因此晦翁常要牵拉孟子到《中庸》一边去，阳明又常要牵拉《中庸》到孟子这边来。因此两家思路便不免各生几许罅隙与漏洞。大抵晦翁讲宇宙方面，思路较完密，但其所谓理，则规范的意味重，推动的力量薄，平铺没气力，落到人生方面，使人感到一种拘检与散漫疲弱无从奋力之感。故朱子定要在心上做工夫。亦可谓宇宙之主宰在理，而人生之主宰则在心。要之在太极之外还须自立一人极。即横渠所谓为宇宙立心，为生民立命也。故朱子阐发孔孟，多尊二程，而仍必兼尊濂溪横渠，其意在此。抑且《大学》论心不及性，朱子奉为学者入德之门，在四书中当先读。《中庸》论性不及心，朱子谓当读《论》《孟》后始读。其间实寓甚深妙义。惜乎后儒对此尚少阐发，此亦中国学术思想史上一大堪惋惜之憾事也。阳明在人生方面言之，若亲切易简，当下可使人用力向前，此乃其长处。但要把心来包罗宇宙万物，又嫌唐大不实，在理论方面太单薄，牢笼不住。此则王学之所短。但此处亦并非谓孟子《中庸》两条路,竟不能会通和合,只是说朱子在此方面工夫较深,阳明则工夫较浅。若更求圆融浑成,更求简易明白,更求少流弊误解,则实宜从朱子方面进而求之耳。自晚明以下,中国儒学衰竭,亦竟无大气魄人能将孟子《中庸》,晦翁阳明四家和会融通,打并归一。其有调和折衷与夫出主入奴,皆未能深入此四家中而超乎此四家外来镕铸一新的天地。此下果是儒学复兴,这一关定是辟头的第一关。《中庸》说:"尊德性而道问学,致广大而尽精微,极高明而道中庸。"孟子说:"可欲之谓善,有诸己之谓信,充实之谓美,充实而有光辉之谓大,大而化之之谓圣,圣而不可知之谓神。"无论如《中庸》之大气包举,无论如孟子之孚尹旁达,总之必有如此境界,乃始得为将来儒学开新天地。而比较上,朱子所阐,于此路近,阳明所论,却不免要远离此路。此为本篇分析阐述之主要论点,幸学者再详之。

　　　　　　此文刊于一九四四年九月《思想与时代》三十六期

象山龙川水心

　　宋学到朱子,可谓已发展到极精细极圆宏的地步。但即在朱子时,思想界便起了分裂,有所谓朱陆之异同,这在思想史上,一切进展,都逃不了此例。

　　由濂溪主静立人极,转到明道之主敬,再由伊川补充为敬义夹持,于是而有朱子之居敬穷理两边做工。但照明道原义,写字便一心在写字上,只此便是敬,则穷理只一心在穷理上,亦早是敬了,不须在穷理外再有一个居敬,然如此则岂不将精神全倾向到外边去,而且物理纷繁,急切苦寻不到一统会,象山理论正对此而发。

　　　　傅子渊自槐堂归其家,陈正己问之,曰:陆先生教人何先? 对曰:辨志。复问曰:何辨? 曰:义利之辨。

伊川曾说:只知用敬,不知集义,却是都无事,故又说:涵养须用敬,进学则在致知。如此则敬以直内,义以方外,敬义分成内外两截,象山所谓辨义利,与伊川意有别。象山只就人之居心与动机言,故曰:凡欲为学,当先识义利公私之辨。象山所谓义,只是一个公的动机或居心。其所谓利,则只是一个私的动机或居心,其间之公与私,其人当下向内反省自知,并不如格物穷理,进学致知须另外工夫。故照象山意见,便可由伊川回返到明道,心中常主一个公,一个义,即是常主一个天理,更没有伊川所讥都无事之病。

惟此天理,则在内不在外。故象山对人心如何能分辨义利的一番工夫,只说要收拾精神在内。他说:

> 人精神在外,至死也劳攘,须收拾作主宰。收得精神在内,当恻隐即恻隐,当羞恶即羞恶,谁欺得你,谁瞒得你。见得端的后常涵养,是甚次第。

又说:

> 大纲提缀来,细细理会去,如鱼龙游于江海之中,沛然无碍。

是谓收拾精神在内,乃是辨义利的先行工夫。照象山意,似谓只要能收拾精神在内,便自能辨义利。

象山又说:心不可泊著事。他说:

> 人心只爱去泊著事,教他弃事则,如鹘孙失了树,更无

住处。

　　心不可泊一事,只自立心。人心本来无事,胡乱被事物牵将去。若是有精神,即时便出便好。若一向去,便坏了。

又说:

　　人不肯只如此,须要有个说话。
　　人不肯心闲无事,居天下之广居。

此说心闲无事,亦即是辨义利之先行工夫,只要此心不泊著事,便亦自能辨义利。

　　故又说:要一刀两断,轩昂奋发,莫自沉埋蒙蔽。他说:

　　此理在宇宙间,何曾有所碍。是你自沉埋,自蒙蔽,阴阴地在个陷阱中。要决裂破陷阱,窥测破网罗。

又说:

　　激厉夺迅,决破罗网,焚烧荆棘,荡夷汗泽。
　　要当轩昂奋发,莫恁地沉埋在卑陋凡下处。
　　矗鸡终日营营,无超然之意,须是一刀两断,何故萦萦如此,萦萦底讨个甚么?

又说:要决去世俗之习。他说:

必有大疑大惧，深思痛省，决去世俗之习。如去秽恶，如避寇雠，则此心之灵，自有其仁，自有其智，自有其勇。私意俗习，如见晛之雪，虽欲存之而不可得。此乃谓之知至，乃谓之先立乎其大者。

又说：人心要剥落。

人心有病，须是剥落。剥落得一番，即一番清明。
后又随起来，又剥落，又清明。须是剥落得净尽，方是。

斩断决去剥落，亦皆是辨义利之先行工夫。只要能斩断决去剥落，自然心中能不泊著事，精神自然在内，则自能辨义利。

故照象山意见，只要人把心上一切私意俗习一切病痛尽情剥去，则其居心动意，自然能公与义，故说：

今之论学者，只务添人底，自家只是减他底，此所以不同。

其实象山此种见解，亦可谓是直承濂溪明道而来。濂溪要主静立人极，而曰无欲故静。明道说：学者今日无可添，只有可减，减尽便没事。见猎心喜的故事，便是明道早年从游濂溪所得的一段真血脉。明道之所谓敬，亦只是心中没事。心中没事自无私意俗习，心中真个一无私意俗习，则智仁勇皆人心自然之德，自然发露，自能生长。天德王道只是一本，敬义亦只是一事，不烦居敬穷理分两边做工。

象山因此主张他的"心即理"论,但象山原义,亦颇为后来批评象山者所误解。象山说:

> 心只是一个心,某之心,吾友之心,上而千百载圣贤之心,下而千百载复有一圣贤,其心亦只如此。心之体甚大,若能尽我之心,便与天同,为学只是理会此。

又说:

> 东海有圣人出焉,此心同也,此理同也。西海有圣人出焉,此心同也,此理同也。南海北海有圣人出焉,此心同也,此理同也。千百世之上,至千百世之下,有圣人出焉,此心同也,此理同也。

象山兄弟与朱子会鹅湖,其兄子寿先有一诗云:

> 孩提知爱长知钦,古圣相传只此心。

象山不以为是,和之云:

> 墟墓兴哀宗庙钦,斯人千古不磨心。

大抵子寿言心,犹是常义。孟子可学得孔子之心,孔子可学得周公之心，故曰古圣相传只此心。象山则谓人可别而心则一。我心即是孟子心孔子心周公心，故曰斯人千古不磨心。故象山为学工夫，只重在自己这一个心上。他只着眼在孟子所谓此心之同然处。此同然之心，实则是外于人而自存自在。无空间，无时间，心有其大同，此始是自存自在之真心。实则象山意，与孟子人心犹有别。象山所指，乃是一心体，此心体似外于人而存在，故曰心即理。又曰此心同，此理同。但此心体非尽人能达，惟圣人乃得此心，故曰东海有圣人，西海有圣人，此心同，此理同，则未到圣人地位，未得此心，即未必能心同理同也。此圣人之心，则为人之本心，即心之本体。而常人之心所以未到心同理同境界者，则由于私意俗习之所蒙蔽与缠缚。此后象山弟子杨慈湖好举"心之精神是为圣"一语，可知人心有见精神与不见精神之别。圣人之心，只是常人之心之更精神者。常人之心，则是圣人之心之较不精神者。人心必到更精神处始见心之真体，乃能到达同然之境。今问人心如何见精神，则当如上举收拾精神在内以下各条，切实用工，则心之精神自显。象山在此处，却颇不赞成明道之所谓主敬。象山有与曾宅之书，论持敬与存诚之辨。象山弟子舒璘广平类稿，亦对程门持敬之说有驳议。舒璘说敬字工夫，未免从外束缚，如篾箍桶，如藤束薪，转失自然处。又明道谓心只在腔子里，子寿说心正如此。象山则只主从人心之自立自由下手，教人收拾精神在内，并不是教人要心在腔子里。故象山之所谓心，实亦与孟子有异，与明道有异。

象山所谓心即理，亦与程朱性即理的理字有不同。程朱所谓理，乃统括事物之理言，其所谓性，亦兼人物言，如水性润下，火性炎上，此即水火自然之理，故曰性即理，性之于心，似在心外而来入心中，人心只是一个虚明灵觉，人因有此虚明灵觉，始可格物穷理，但不可谓此虚明灵觉者即是理。理与性属本体，心则是作用一边，故以心属气以别于理。至象山之所谓理，乃偏重人事，不兼物言。一切人事之理，乃全从人心中流出。如人有仁孝之心，乃有仁孝之理。仁孝之心千古不磨，千百世以前人，与千百世以下人，同样有此仁孝之心。故亦同样有此仁孝之理。但历史上仁孝之事，千差万别，象山似乎不管了。照象山意见，只把握了此理，自能流出许多事。

故象山又说：

> 宇宙即我心，我心即宇宙。

此语正是近代西方人所主的极端惟心论，似乎宇宙亦只从此心流出。象山高第弟子如杨慈湖辈，亦确有此倾向。但细论象山本意，则似尚有分辨。象山又说：

> 人与天地万物，皆在无穷之中，宇宙内事，乃己分内事，己分内事，乃宇宙内事。

当知无论宇宙内事与己分内事，象山意，皆从人心中流出，而此处所谓宇宙内事，窥象山意，实亦偏指人事言。若水流花放，岂得谓亦己分内事。故知象山所指宇宙内事，宜亦有其分限，谓宇宙即我心者，正谓宇宙内事皆由人心中自然流出。而象山此处所谓宇宙，犹云世界，更应说是人类历史。象山所云宇宙内事，实指世界上人类历史之一切人事言，始更允惬。象山又云：

> 宇宙不能限隔人，只人自限隔了宇宙。

可知象山所谓宇宙者，实指历史人事言。历史人事，可谓其与我不限隔，故谓宇宙内事即己分内事也。否则日出日落，水流花放，皆宇宙内事，岂可谓亦即吾分内事。然即就人类历史言，人生短促，历史无尽，纵谓宇宙即历史，又如何谓宇宙内事只己分内事。盖象山之意，人之生命虽有限，人心之活动亦有限，然仁人君子之事，所谓人心之理，则终古无穷无限。故惟仁孝乃宇宙内事，亦即人心内事，同一无穷而亦无限。何以知我心之仁孝，即看宇宙间仁人君子已往行事即得，故曰宇宙即我心。仁孝无穷，斯我心亦无穷，故曰我心即宇宙。故知象山所谓宇宙，乃至宇宙内事，实指人文大群之历史文化界而言，不指山川草木之自然界而言。象山之所谓心即理，乃是人生哲学上的论题，并非宇宙论方面的论题。故象山始教，便着重在辨义利，此只是人生一实践问题，并非宇宙一本体问题。在宋学的第二第三期里，算只有象山思路似乎净尽摆脱了宇宙本体论的圈套与束缚，故他对朱子之格物穷理，要讥之为支离了。但杨慈湖、张皇师说，便又不免陷入宇宙论的深阱中，要说成我心便是宇宙万物之本体，此义究难圆成。阳明良知学，最先立脚在人生实践上，很近象山。后来要迈进宇宙论范围，也就窒碍丛生了。

故必明得象山论学，只重人生实践，乃始为把握到象山之真精神。象山说：

> 今天下学者，惟有两途，一途朴实，一途议论，足以明人
> 心之邪正，破学者之窟穴矣。

又说：

> 千虚不博一实，吾生平学问无他，只是一实。

若抛荒人之内心，转从宇宙万物广大渺茫处立说，此即是议论，
亦即是虚，更是邪，更不说是支离了。故依象山意见，在人生实
践的立场上看，天下学者，总只是议论不实，是虚是邪是支离。

然象山着重践履，亦非看轻讲明。他说：

> 为学有讲明，有践履。《大学》致知格物，《中庸》博学
> 审问慎思明辨，《孟子》始条理者智之事，此讲明也。……
> 讲明有所未至，则虽材质之卓异，践行之纯笃，如伊尹之任，
> 伯夷之清，柳下惠之和，不思不勉，从容而然，可以谓之圣
> 矣，而《孟子》顾有所不愿学。拘儒瞽生，又安可以其硁硁
> 之必为而傲知学之士哉。然必一意实学，不事空言，然后可
> 以谓之讲明。若谓口耳之学为讲明，则又非圣人之徒矣。
> （《文集》卷十二《答赵咏道》）

此等处，象山分析自己立场，可谓深切著明。后人所讥评于象山

者,象山皆可不承受。或问先生之学,亦有所受乎? 曰:因读《孟子》而自得之于心也。学《孟子》而自得于心,这是象山自道其学问之真血脉。读《孟子》,只是一引端,一头绪。自得于心,始是落实到家了。但象山似乎只着眼在人类历史文化之高处进步处看,如墟墓兴哀宗庙敬,似乎象山只注重在此心之哀与敬,却不注意到墟墓宗庙如何兴起之具体事实上。若要从低处技术处来修墟墓建宗庙,则朱子之格物穷理,似乎仍有用处。

象山又云:

> 朱元晦曾作书与学者,云陆子静专以尊德性诲人。故游其门者多践履之士,然于道问学处欠了。某教人岂不是道问学处多了些子,故游某之门者,践履多不及之。观此则是元晦欲去两短,合两长,然吾以为不可。既不知尊德性,焉有所谓道问学。

这又是象山对于朱陆异同最扼要的自白。象山之道问学,只出发在尊德性上,亦归宿在尊德性上。换辞言之,象山哲学彻头彻尾,只是一种人生哲学,象山却不认离却人之德性还有学问。其实偏重人生问题,偏重人之德性,亦本是宋学正统。故朱陆异同,亦只是站在宋学正统里面的问题。朱子亦云:"南渡以来,八字着脚,理会着实工夫者,惟某与陆子静二人而已。"

但此问题,有直接性的,有间接性的。如此心之哀与敬,是德性问题,是直接性的。但修墟墓,建宗庙,此等像是间接性的。工匠之修建,似乎只是一种技,似乎不要哀与敬。但没有墟墓宗庙，此哀敬之心，如何兴起，如何着落。这里却是道问学处要多了些。讨究朱陆异同者，此等处似亦宜注意到。

同时又有站在宋学正统外面来反对朱子者，则为浙东学派。远在北宋，荆公温公，即以经学史学分帜。二程实近荆公，重经学，苏东坡父子兄弟则近温公，重史学。洛蜀之争，亦由其学术立场之不同。南渡以还，吕氏一家以门第师承而独得中原文献传统，故吕东莱（祖谦）与朱子交好，而自以史学名家。彼尝欲调和朱陆，鹅湖寺之会，即由其发起。但朱子亦颇不满东莱，尝云：

> 伯恭失之多，子静失之寡。

又云：

> 抚学有首无尾，婺学有尾无首，禅学首尾皆无，只是与
> 人说。

又云：

> 伯恭门徒气宇厌厌，四分五裂，各自为说，久之必至销
> 歇。子静则不然，精神紧峭，其说分明，能变化人，使人旦异
> 而晡不同，其流害未艾也。

可见朱子意见，还是近象山而远浙东，因亦看重象山而看不起

浙东派。今再引上论申述之，象山只注意在人心哀敬上，东莱重史学，似乎更注意在墟墓宗庙上。故朱子要说，伯恭失之多，子静失之寡。又要说抚学有首无尾，婺学有尾无首。墟墓宗庙只是尾，但此等便多了。哀敬之心是首，此处便寡了。朱子要经史并重，首尾兼顾，多寡酌中。所举虽是浅例，推申实有深蕴。

但后来的浙学，到底也成为朱学之劲敌。举其著者，在前有永康陈龙川亮。稍后有永嘉叶水心正则。龙川与朱子力争王霸之辨。龙川谓：

> 本朝伊洛诸公辨析天理人欲而王霸义理之说大明。然谓三代以道治天下，汉唐以智力把持天下，其说固已使人不能心服。而近世诸儒，遂谓三代专以天理行，汉唐专以人欲行，其间有与天理暗合者，是以亦能久长。信斯言也，千五百年之间，天地亦是架漏过时，而人心亦是牵补度日。万物何以阜蕃，而道何以常存乎？

又曰：

> 心之用有不尽，无常泯，法之文有不备，无常废。人之所以与天地并立而为三者，非天地常独运而人为有息也。人不立则天地不能以独运。……夫不为尧存，不为桀亡者，非为其舍人而为道也。若谓……舍人可以为道，则释氏之言不诬矣。……天地而可架漏过时，则块然一物也。人心

而可牵补度日，则半死半活之虫也，道于何处而常不息哉？

又曰：

> 天地人为三才，人生只是要做个人。圣人，人之极则也。……才立个儒者名字，固有该不尽之处矣。学者所以学为人也，而岂必其儒哉？
>
> 尽绝一世之人于门外，而谓二千年之君子，皆盲眼不可点洗，二千年之天地日月，若有若无，世界皆是利欲，斯道之不绝者仅如缕耳。此英雄豪杰所以自绝于门外，以为立功建业别是法门。这些好说话，且与留着妆景足矣。若知开眼只是个中人，安得撰到此地位乎？（《文集·复朱元晦书》）

龙川大意，只谓三代以下，未必全是利欲。非可与三代以前，判然划分为两世界。其实此意，亦可以象山抚学来证成。象山谓宇宙即我心，我心即宇宙。人文历史之形成，全由人心。岂可谓唐虞三代有人心，而汉唐独无人心。象山又曰：斯人千古不磨心，何以至汉唐而此心都磨了。故应放宽看，不得谓经学里有人心，史学里独无人心。惟儒者有人心，而老释俱无人心。其实此一争论，亦可从当时经学与史学之分线上来稍加说明。经学重理想，所谓唐虞三代，可谓是经学上之理想国。儒家一切理想，俱托之于唐虞三代，而咒诅现实，则归罪于汉唐。汉代表章六经，罢黜百家，也即是罢黜了秦与战国来专尊唐虞三代。宋人要贬抑唐，也来尊唐虞三代。此皆以经学为主。若从史学立场看，则三代未全是，汉唐未全非，此一也。经学家过重理想，遂谓人事现实不合道，实则道正从人事现实中生，人事现实亦待道而成。若谓人事现实全不合道，则道岂非可以离人事现实而独立，人事现实亦可离道而自存，此种人道两分观，便有叛儒归释之嫌，此其二。经学家过重理想，认理是一单纯的，而人事现实则始终复杂，故儒学实嫌该不尽人生，而人道亦不必全合于儒义，此其三。但龙川此等理论，早已超出了当时理学正轨，朱陈异同，较之朱陆异同，在思想冲突上应是更严重。王霸义利，乃宋学一绝大中心论点。陈龙川的力量，到底推不倒这一个传统。龙川同时有陈傅良，专修汉唐制度吏治，但无更上一层的理论，与龙川仍为同陷于功利窟穴，不足与理学正统相抗衡。稍后叶水心继起，在他的习学记言里，批评汉唐，谓其"以势力威令为君道，以刑政末作为治体，汉之文宣，唐之太宗，虽号贤君，其实去桀纣尚无几"。又说："汉高祖唐太宗，与群盗争攘竞杀，胜者得之，皆为己富贵，何尝有志于民，以人民相乘除，而我收其利，犹可以为功乎？"此是十足的赞助了朱子意见，但水心却又另从别几方面来与当时正统的理学树异。

最要者，为其对于当时道统论的抗议。北宋初期，建立了自孟子下迄韩愈的道统，但不久此种道统论即消失。第二期宋学，大体或尊颜回，或尊孟子，很少提到孟子以下的人物，这与他们的王霸义利之辨，有很大关系。他们看不起汉唐功业，自然连带要看不起汉唐儒学。直到朱子，一种新道统说才完成，上面是孔曾思孟，下面是周张二程。水心则开始对此孔曾思孟的新道统提出异议。他说：

孔子殁，或言传之曾子，曾子传子思，子思传孟子。孔子自言德行，颜渊而下十人，无曾子。曰参也鲁，……曾子之学，以身为本，容色辞气之外不暇问，于大道多遗略，未可谓至。……子思作《中庸》，若以为遗言，则颜闵犹无是告，而独闷其家，非是。若所自作，则高者极高，深者极深，非上世所传也。孟子开德广，（言性言命言仁言天，皆古人所未及。）语治骤，（齐滕大小异，而言行王道皆若建瓴。）处己过，（自谓庶人不见诸侯，然彭更言其后车从者之盛。）涉世疏，（孔子亦与梁丘据语，孟子不与王驩言。）学者趋新逐奇，忽亡本统，使道不完而有迹。

水心此等意见，乃以客观的学术思想史的考订与批评来驳难朱子的孔曾思孟四书的新道统。这实是一种极有力量极有意义的异议。水心在另一面，又竭力增强了孔子以前尧舜禹汤文武周公旧道统的地位。他说：

孔子之先，非无达人，六经大义，源深流远。取舍予夺，要有所承。使皆芜废讹杂，则仲尼将安取斯？今尽掩前闻，一归孔氏，后世所以尊孔氏者固已至矣。推孔子所以承先圣者，则未为得也。

陈龙川要把历史现实来推翻经学理想，把汉祖唐宗来争美孔孟，这一番意见是失败了。水心乃转而把理想来压理想，把尧舜禹汤来替换汉祖唐宗，把古经籍来压在程朱新定四书的身上。此乃水心自占地位，较龙川聪明处。他又分别孔子以前与孔子以后的道统说：

> 唐虞三代，内外无不合，故心不劳而道自存。今之为道
> 者，务出内以治外，故常不合。

又说：

> 以心为官，出孔子之后。以性为善，自孟子始。然后学
> 者尽废古人之条目，而专以心为宗主。故虚意多，实力少，
> 测知广，凝聚狭，而尧舜以来内外相成之道废矣。

又说：

> 置身于喜怒是非之外者，始可以言好学。一世之人，常
> 区区乎求免于喜怒是非之内而不获，如撌泥而扬其波也。

又曰：

> "正谊不谋利，明道不计功"，初看极好，细看全疏阔。
> 古人以利与人，而不自居其功，故道义光明。既无功利，则
> 道义乃无用之虚语耳。

宋学宗旨，本求内外一体，心性功利汇归一源，其分理气，分心
性，敬义两翼，内外一体，圆宏细密处，却看似支离分散。象山太

看重此心，把外面事务不免忽了。故只重尊德性，而搁轻道问学。水心则不喜触到本体幽玄上去，不喜重内而轻外，故多在人事现实上立论。象山要引朱子向内，专从心性本原上用力。龙川要引朱子向外，专向功利实事上建树。但从大体看，则水心与朱子究竟更远了。水心说：

> 郑玄虽曰括囊大典，网罗众家，删裁繁芜，刊改漏失，然不过能折衷众俗儒之是非耳，何曾望见圣贤藩墙。

又曰：

> 随世见闻，转相师习，枝缠叶绕，不能自脱，锢人之才，窒人之德。

又曰：

> 世道之衰，虽缘人才日下，然其病根正缘做下样子，不敢回转。

理学家在当时，正已做下了样子，有使人不敢回转之势。水心门下有周南仲，绍熙元年以进士对策，述时弊三，道学居其首，谓天下之祸，始于道学而终于皇极。可见水心论学，实在要轶出当时正统理学之轨辙，另来一套新花样，这方面自近龙川，而与象山大异。毕竟仍是婺学，异抚学，只同要与朱子为敌。但不久南宋即亡,朱学在北方复兴,虽不得谓其是朱学之真精神,却亦不再有水心所谓理想的新花样出现。以后元明清三代,象山尚时见称述,龙川亦有人道及,而如水心,则似乎更少人提及。但若专从学术史立场来批评朱子所定之四书,则水心意见,终为可取。故兹意特以象山龙川水心三人并述之。

出 版 说 明

　　《中国学术思想史论丛》三编八册,共 119 篇,汇集了作者从学六十余年来讨论中国历代学术思想而未收入各专著的单篇散论,为作者 1976—1979 年时自编。上编(一—二册)自上古至先秦,中编(三—四册)自两汉至隋唐五代,下编(五—八册)自两宋迄晚清民国。全书探源溯流,阐幽发微,颇多学术创辟,系统而真切地勾勒了中国几千年学术思想之脉络全景。

　　本书由台湾东大图书公司于 1976—1980 年陆续印行。三联简体字版以东大初版本为底本,基本保留作者行文原貌,只对书中所引文献名加书名号,并改正了少量误植之错讹。

三联书店编辑部
二零零九年三月

钱穆作品系列
（二十四种）

《孔子传》

本书综合司马迁以下各家考订所得，重为孔子作传。其最大宗旨，乃在孔子之为人，即其自述所谓"学不厌、教不倦"者，而以寻求孔子毕生为学之日进无疆、与其教育事业之博大深微为主要中心，而政治事业次之。故本书所采材料亦以《论语》为主。

《论语新解》

钱穆先生为文史大家，尤对孔子与儒家思想精研甚深甚切。本书乃汇集前人对《论语》的注疏、集解，力求融会贯通、"一以贯之"，再加上自己的理解予以重新阐释，实为阅读和研究《论语》之入门书和必读书。

《庄老通辨》

《老子》书之作者及成书年代，为历来中国思想学术界一大"悬案"。本书作者本着孟子所谓"求知其人，而追论其世"之意旨，梳理了道家思想乃至先秦思想史中各家各派之相互影响、传承与辩驳关系，言之成理、证据凿凿地推论出《老子》书应尚在《庄子》后。

《庄子纂笺》

本书为作者对古今上百家《庄子》注释的编辑汇要，"斟酌选择调和决夺，得一妥适之正解"，因此，非传统意义上的"集注"或"集释"，而是通过对历代注释的取舍体现了作者对《庄子》在"义理、考据、辞章"方面的理解。

《朱子学提纲》

钱穆先生于 1969 年撰成百万言巨著《朱子新学案》，"因念牵涉太广，篇幅过巨，于 70 年初夏特撰《提纲》一篇，撮述书中要旨，并推广及于全部中国学术史。上自孔子，下迄清末，二千五百年中之儒学流变，旁及百家众说之杂出，以见朱子学术承先启后之意义价值所在。"本书条理清晰、深入浅出，实为研究和阅读朱子学之入门。

《宋代理学三书随劄》

本书为作者对宋代理学三书——元代刘因所编《朱子四书集义精要》、周濂溪《通书》及朱熹、吕东莱编《近思录》——所做的读书劄记，以发挥理学家之共同要义为主，简明扼要地辨析了宋代理学对传统孔孟儒家思想的阐释、继承和发展。

《中国思想通俗讲话》

本书意在指出目前中国社会人人习用普遍流行的几许概念与名词——如道理、性命、德行、气运等的内在涵义、流变沿革，及其相互会通之点，并由此上溯全部中国思想史，描述出中国传统思想一大轮廓。

《现代中国学术论衡》

本书对近现代中国学术的新门类如宗教、哲学、科学、心理学、史学、考古学、教育学、政治学、社会学、文学、艺术、音乐等作了简要的概评，既从中西比照的角度，指出了"中国重和合会通，西方重分别独立"这一中西学术乃至思想文化之根本区别；又将各现代学术还诸旧传统，指出其本属相通及互有得失处，使见出"中西新旧有其异，亦有其同，仍可会通求之"。

《中国学术思想史论丛》

共三编八册，汇集了作者六十年来讨论中国历代学术思想而未收入各专著的单篇散论，为作者1976—79年时自编。上编（1—2册）自上古至先秦，中编（3—4册）自两汉至隋唐五代，下编（5—8册）自两宋迄晚清民国。全书探源溯流，阐幽发微，颇多学术创辟，系统而真切地勾勒了中国几千年学术思想之脉络全景。

《黄帝》

华夏文明的创始人：黄帝、尧舜禹汤、文武周公，他们的事迹虽茫昧不明，有关他们的传说却并非神话，其中充满着古人的基本精神。本书即是讲述他们的故事，虽非信史，然中国上古史真相，庶可于此诸故事中一窥究竟。

《秦汉史》

本书为作者于1931年所撰写之讲义，上自秦人一统之局，下至王莽之新政，为一尚未完编之断代史。作者秉其一贯高屋建瓴、融会贯通的史学要旨，深入浅出地梳理了秦汉两代的政治、经济、学术和文化，指呈了中国历史上这一辉煌时期的精要所在。

《国史新论》

本书作者"旨求通俗，义取综合"，从中国的社会文化演变、传统的政治教育制度等多个侧面，融古今、贯诸端，对中国几千年历史之特质、症结、演变及对当今社会现实的巨大影响，作了高屋建瓴深入浅出的精彩剖析。

《古史地理论丛》

本书汇集考论古代历史地理的二十余篇文章。作者以通儒精神将地名学、史学、政治经济、人文及民族学融为一体，辨析异地同名的历史现象，探究古代部族迁徙之迹，进而说明中国历史上各地经济、政治、人文演进的古今变迁。

《中国历代政治得失》

本书分别就中国汉、唐、宋、明、清五代的政府组织、百官职权、考试监察、财政赋税、兵役义务等种种政治制度作了提要钩玄的概观与比照，叙述因革演变，指陈利害得失，实不失为一部简明的"中国政治制度史"。

《中国历史研究法》

本书从通史和文化史的总题及政治史、社会史、经济史、学术史、历史人物、历史地理等 6 个分题言简意赅地论述了中国历史研究的大意与方法。实为作者此后 30 年史学见解之本源所在，亦可视为作者对中国史学大纲要义的简要叙述。

《中国史学名著》

本书为一本简明的史学史著作，扼要介绍了从《尚书》到《文史通义》的数部中国史学名著。作者从学科史的角度，提纲挈领地勾勒了中国史学的发生、发展、特征和存在的问题，并从中西史学的比照中见出中国史学乃至中国思想和学术的精神与大义。

《中国史学发微》

本书汇集作者有关中国历史、史学和中国文化精神等方面的演讲与杂论，既对中国史学之本体、中国历史之精神，乃至中国文化要义、中国教育思想史等均做了高屋建瓴、体大思精的概论；又融会贯通地对中国史学中的"文与质"、中国历史人物、历史与人生等具体而微的方面做了细致而体贴的发疏。

《湖上闲思录》

充满闲思与玄想的哲学小品，分别

就人类精神和文化领域诸多或具体或抽象的相对命题，如情与欲、理与气、善与恶等作了灵动、细腻而深刻的分析与阐发，从二元对立的视角思索了人类存在的基本问题。

《文化与教育》

本书乃汇集作者关于中国文化与教育诸问题的专论和演讲词而成，作者以其对中国文化精深闳大之体悟，揭示中西传统与路线之差异，指明中国文化现代转向之途径，并以教育实施之弊端及其改革为特别关心所在，寻求民族健康发育之正途。

《人生十论》

本书汇集了作者讨论人生问题的三次讲演，一为"人生十论"，一为"人生三步骤"，一为"中国人生哲学"。作者从中国传统文化入手，征诸当今潮流风气，探讨"心"、"我"、"自由"、"命"、"道"等终极问题，而不离人生日常态度，启发读者追溯本民族文化传统的根源，思考中国人在现代社会安身立命的根本。

《中国文学论丛》

作者为文史大家，其谈文学，多从文化思想入手，注重高屋建瓴、融会贯通。本书上起诗三百，下及近代新文学，有考订，有批评。会通读之，则见出中国一部文学演进史，而中国文学之特性，及各时代各体各家之高下得失之描述，亦见出作者之会心及评判标准。

《新亚遗铎》

1949 年钱穆南下香港创立新亚书院。本书汇集其主政新亚书院之十五年中对学生之讲演及文稿，鼓励青年立志，提倡为学、做人并重，讲述传统文化之精要，阐述大学教育之宗旨，体现其矢志不渝且终身实践的教育思想。

《晚学盲言》

本书是作者晚年"目盲不能视人"的情况下，由口诵耳听一字一句修改订定。终迄时已 92 岁高龄。全书分上、中、下三部，一为宇宙天地自然之部，次为政治社会人文之部，三为德性行为修养之部。虽篇各一义，而相贯相承，主旨为讨论中西方文化传统之异同。

《八十忆双亲　师友杂忆》

作者八十高龄后对双亲及师友等的回忆文字，情致款款，令人慨叹。读者不仅由此得见钱穆一生的求学、著述与为人，亦能略窥现代学术概貌之一斑。有心的读者更能从此书感受到 20 世纪"国家社会家庭风气人物思想学术一切之变"。